ドイツ人が語る

ドイツ現代史

アデナウアーからメルケル、ショルツまで

ドミニク・ゲッパート 著　進藤修一・爲政雅代 訳

ミネルヴァ書房

アントン、シャルロッテ、パウルに捧ぐ

はしがき

ドイツ連邦共和国の歴史は「成功を収めた」と長く語り継がれてきた。「うまくいった民主主義」の道程の基調には、西側統合、安定、民主化、自由化、社会化、そしてナチスの「過去の克服」の成功などが一定の役割を果たしてきた、とされている。しかし、いまやこのような解釈に疑問が呈されるようになってきた。その理由は、一九九〇年のドイツ統一以来、旧西ドイツ地域で広まっていた連邦共和国の脱国民国家的な自画像というものとはうらはらに、国民国家への問いが、喫緊の課題となったという事情である。西ドイツ時代の連邦共和国は、ソ連との冷戦下で西側陣営のなかでの東に向いた橋頭堡であったが、その役割がなくなったいま、欧州大陸のまん中で、地政学からみて不可避である、政治の微妙なバランスからくる圧力を全て受けとめざるをえなくなった。また、連邦共和国の安定性といったものへの感嘆や賛美が薄れ、現代社会の諸課題が持つ背景が明らかになるにつれ、一九四五年・一九四九年から始まる成功の歴史という解釈の雛形が色褪せてきたのである。これらの問題は、ドイツ人の漸進的な自由化や文明化という観点だけで腑分けすることができず、民主主義の危機、制度や社会の構成の変化、さらには冷戦時に見られた西ヨーロッパへの接近、というものを超えた新しい外交政策上の課題にも関わっている。

本書は、ドイツ連邦共和国の歴史を、目的論的な叙述に傾くことなく描き、政治状況や社会諸勢力の緊張関係、経済で直面した課題、知識人の潮流や集団心理的な変化について概観している。また、各章は首相たちの任期に準じるのではなく、主要な経済状況、政党が置かれた状況の地殻変動、国際政治、特に欧州政治との関連性を指標にしている。ドイツ連邦共和国の歴史は、政府や連立政権、好景気と不景気、社会の構造が変化するプロセスや文化的な変容という一連の流れに矮小化できない。そして、連邦共和国史においては、目指すべき理念を具現化するための、常に変化し続ける国家や社会が持つ、アイデンティティの形成過程が意識され続けてきている。このことを考えると、統一ドイツは連邦共和国の歴史に規範的に依存していると言えよう。つまり連邦共和国の歴史とは、成功裏になしとげたことや過ちにおいてさえ、アイデンティティの源であると同時に、現代人が振り返るべき歴史が歩んできた道だと言えるのである。

ドイツ人が語るドイツ現代史——アデナウアーからメルケル、ショルツまで

目次

装幀　上野かおる

略語一覧

AfD	ドイツのための選択肢
CDU	キリスト教民主同盟
CSCE	欧州安全保障協力会議
CSU	キリスト教社会同盟
DP	ドイツ党
EC	欧州共同体
ECSC	欧州石炭鉄鋼共同体
EEC	欧州経済共同体
EMS	欧州通貨制度
EU	欧州連合
EURATOM	欧州原子力共同体
FDP	自由民主党
FRB	米連邦準備制度理事会
GATT	関税及び貿易に関する一般協定
GSG9	連邦国境警備隊特殊部隊

IMF　国際通貨基金
KPD　ドイツ共産党
NATO　北大西洋条約機構
OPEC　石油輸出国機構
PDS　民主社会党
RAF　ドイツ赤軍派
SALTⅡ　第二次戦略兵器制限交渉
SED　ドイツ社会主義統一党
SPD　ドイツ社会民主党
SRP　社会主義帝国党

第一章　新たな出発と復興——一九四五〜五八年

1　段階的な建国

ドイツ連邦共和国の建国とは、結果ではなく、一つの過程《プロセス》であったというほうがわかりやすい。それは瞬時のこともあれば、段階を経て徐々に生じたこともあった。さらに、西ドイツ国家の建国過程は、アメリカとソ連のあいだでますます激化する世界政治上の対立に突き動かされ、核兵器の脅威が影を落とすなかで、西側スタイルの自由な多元主義、市場経済、民主主義と、ソ連型のマルクス・レーニン主義、計画経済、中央集権主義が対峙していた。ヨーロッパ、そして特に敗北したドイツは、一九四〇年代後半、現代史家メルヴィン・レフラーが言うところの「人類の魂」をめぐっておこなわれた、二つの新たな超大国によるグローバルな対立の主要な舞台であった。

一九四六年九月初頭にアメリカ国務長官ジェームス・F・バーンズは、（まだドイツ全体が念頭にあったものの）はじめて新政府樹立の可能性を示唆し、その四カ月後、アメリカ占領地区とイギリス占領地区は、ドイツ住民の壊滅的な経済・食糧事情を改善するために経済、食糧、交通、財政、郵便を中央管理する米英経済統合地区という「経済統合圏」にまとめられた。これで、ソ連占領地区との連携はもはや不可能になったように思われた。ただし、イギリスのとりなしでドイツ南西部に独自の占領地区を割り当てられたフランスは、当初は分割占領の継続を望んでいた。一九四七年に世界規模で超大国の対立が激化するなか、アメリカ大統領ハリー・S・トルーマンはソ連のさらなる拡張主義を封じ込めるために、共産主義に抵抗する国家への支援を約束した。トルーマンは、人々は西側の自由な世界か、東側の全体主義の世界のどちらかに属すると考えていた。これに対してソ連の独裁者スターリンは、側近アンドレイ・ジダーノフに二つの陣営論という独自の見解で応じさせた。その内容とは、ここはソ連の指導下にある社会主義国家の反帝国主義陣営であり、向こう側にはアメリカの圧政下にある帝国主義者たちがいるという趣旨であった。

それぞれの陣営を強化することは、このような世界観からみれば当然の帰結であった。アメリカは、戦争で破壊されたヨーロッパが経済的、政治的、社会的に解体されれば共産主義を強化することになると恐れていた。そこで、西側ヨーロッパへの共産主義の浸透を阻むために、バーンズ国務長官の後任者であったジョージ・C・マーシャルは、一九五二年までヨーロッパに総額一三〇億ドルを超える復興支援を供与するという計画を表明した。しかし、アメリカは各国に個別の支援をしたわけではなかった。アメリカが何度も執拗に主張したのは、ヨーロッパ各国が、事前に共同計画書に同意し、そして、一九四八年春にちょっとした揉めごとを経て設立されることになった欧州経済協力機構（ＯＥＥＣ）の枠組みのなかで、経済政策上において連携しなければならない、というものであった。チェコスロヴァキア、ポーランド、ハンガリーが当初興味を示していたにもかかわらず、ソ連はその影響圏にある中東欧諸国がマーシャル・プランに参加しないよう腐心した。その代わりにスターリンは、ソ連による支配を強化するために共産党の調整機関としてコミンフォルム、そして、一九四七年七月のモロトフ・プランで、後の経済相互援助会議の出発点となる、西側の封じ込め政策に対する東側の対抗策の基盤を作った。

世界政治の二極化がますます進行するなか、一九四七年一一・一二月に開催されたロンドン外相会談において、第二次世界大戦の戦勝国四カ国が全占領地区の統一政府を段階的に設立することに合意できないことは、誰の目にも明らかであった。全ドイツ規模の政府を設立する最後の試みはこれで失敗に終わった。また、チェコスロヴァキアにおける共産党のクーデターが、一九四八年二月にソ連の影響圏をさらに西に拡大させた。そして、三月には、全ドイツに関する問題を戦勝国四カ国の占領軍最高司令官が調整するドイツ占領の最高意思決定機関である連合国管理理事会から、ソ連の代表が脱退した。その二週間後には、西側ヨーロッパに対するマーシャル・プランが動き出し、これに米英経済統合地区とフランス占領地区も参加した。一九四八年六月二〇日、この三つの西側占領地区にドイツマルクが導入され、これは西側ドイツの経済再建に決定的なものとなった。これに対して、ソ連占領地区における通貨改革がその三日後におこなわれ、その結果、ドイツは経済レベルで分裂したのである。

それとほぼ同時に、ソ連は数カ月ものあいだ絶え間なくアメリカ、イギリス、フランスの管理下にあるベルリンの西側地区への自由な往来を阻害し続けていたが、ソ連占領地区の陸の孤島となり分断されていた都市で、さらなる大規模な封鎖を展開した。スターリンはイギリスやアメリカに西側ドイツ国家の建国計画を放棄させようとし、最低限でも米英仏がベルリンの管理地域から撤退することを勝ち取ろうとした。イギリス外相アーネスト・ベヴィンやアメリカ占領地区の最高司令官ルシアス・D・クレイ将軍とその周辺勢力は、ソ連の圧力に屈することを嫌い、逆に西側ドイツ国家の建国計画に固執した。このために、クレイ将軍は「我々が、ヨーロッパを共産主義から護らねばならないという考えであれば、断じて退いてはならないのだ」と述べた。ただしソ連は道路、鉄道、運河などの他の交通路を全て遮断することができたために、残されていた唯一の方法は、戦勝国間の協定で定められていた空路による西側ベルリンへの物資供給であった。

冷戦下の最初の大きな危機の背後で、西側ドイツにおいて経済的な連携から政治的な体制への転換が進行していた。ロンドン六カ国会議では、アメリカとイギリスが、西側ドイツ地区の経済統合を正式な国家へと発展させることに抵抗していたベネルクス三国やフランスの同意を取り付けた。この西側諸国の決定に民主的な手続きで正当性を付与できる唯一のドイツ人の代表者たちは、一一州の州首相であった。彼らは、一九四八年七月のいわゆる「フランクフルト文書」を通じて、西側占領地区の三人の最高司令官から西側ドイツ国家の憲法を準備するように要請された。

州首相たちがドイツ分断の固定化への懸念から当初より慎重な姿勢であったにもかかわらず、八月にはアメリカの圧力が働き、州首相が委任して暫定的な憲法草案を作成させるための専門家委員会が召集された。この「ヘレンキムゼー憲法会議」と呼ばれる会合を経て、一九四八年九月から一九四九年五月まで議会評議会がその作業を引き継いだが、それは覚書や連絡将校を通じて交渉に介入する占領軍によって何度も中断された。一九四九年五月八日の可決の際には、暫定性を強調するために「基本法」と名づけられた憲法案に対して、共産党、保守派のドイツ党（DP）、カトリックの中央党、そして、キリスト教社会同盟の代表者八名のうち六名が反対票を投じた。さらに、連邦主義が十分に機能しないという理由から、バイエルン州議会も反対の意思を示した。しかし、四日後の一九四九年五月一二日には、最終判断を委ねられていた三人の最高司令官が基本法を承認した。これを受けて、同日、ソ連は一一カ月ぶりにベルリンへの通行を自由化した。スターリンにとって、西側ドイツ国家の建国を阻止しようとする努力も、ベルリンから西側諸国を追い出そうとする企ても失敗に終わった。つまり、スターリンはドイツ連邦共和国の誕生を不本意ながらも手助けしてしまったことになる。

2　ボンとヴァイマル

一九四九年五月二四日に基本法は発効し、八月中旬には第一回連邦議会選挙が実施された。連邦議会と連邦参議院の最初の本会議が九月初旬に開催され、ここにドイツ史上二番目の共和国において制度上の基盤が完成した。政府と議会は、議会評議会が開催されたライン川沿いのボンを所在地とした。ボンは他の都市ほど戦争被害を受けておらず、プロイセン軍の駐屯地であったことから新しい省庁を入れることができる兵舎があった。また、数キロメートル上流のレーンドルフに住んでいたコンラート・アデナウアーが、議会評議会議長として、かつイギリス占領地区のCDU党首として裏で糸を引いていたことも、さしたる障害にはならなかった。特に、ドイツ皇帝が戴冠するという伝統を持ち、一九世紀にはドイツ連邦議会の所在地、さらに一八四八・四九年の国民議会の開催地であったフランクフルトを袖にし、ボンを首都に選ぶという決断は、新体制の暫定性を明確にした。これはベルリンに首都が戻るまでの「つなぎ」と受け止められ、少なくとも実際そう喧伝されたのである。

暫定国家とはいえ短命には終わらないことが自明となったので、「ボン」はドイツに誕生した第二の共和国の代名詞となった。ただし、この二番目の共和国がヴァイマル共和国と同じ運命をたどるのではないかと、当時は恐れられていた。実際に、双方の共和国とも戦争と敗北から生まれたものであった。ヴァイマル共和国、ドイツ連邦共和国どちらでも、経済、政治、社会における徹底した社会主義的改革に至らなかった。さらに、一九四九年に指導的な立場に就いたのは、すでにヴァイマル共和国時代に政治の舞台で活躍していた人たちであった。例えば、キリスト教民主主義を掲げる首相アデナウアーはケルン市長やプロイセン州議会上院議長として、FDP所属の連邦大統領テオドーア・ホイスや野党SPDの党首クルト・シューマッハーは帝国議会議員として活躍していた。

他方で、多くの点において第一次世界大戦後よりも状況は深刻であった。特に大都市を中心に国土の広い範囲が瓦礫の山と化したのは、一九一八年以後とは異なった点である。工場施設やインフラは一部では深刻なダメージを受けたか、占領軍によって解体されたかであった。ドイツ連邦共和国は、法的に米英仏の保護下にあるにすぎず、これに対してこの三カ国は、一九四五年五月のドイツ国防軍の無条件降伏後、（ソ連とともに）戦勝国に与えられた無制限の権力でドイツを支配していた。ただし、一九四九年五月、米英仏の最高司令官は、連邦政府が樹立されると同時に発効する占領規約に拘束された。その占領規約では、最高司令官が持つ権限の範囲が定められ、行政権、立法権、司法権を連邦政府や州政府に委譲した後も、米英仏占領軍は、非軍事化、カルテル解体、賠償金、外交問題、国際貿易や為替の監視など広範囲にわたる権限を持つとされた。とりわけ、緊急時には国家権力を再び全てドイツ人から取り上げる権利も、米英仏占領軍の手には残されていたのである。

ドイツ人が戦後に統治権を喪失し、戦勝国が支配したことが、長期的に見れば安定した政治の確立に有利に働いた。戦後の危機的状況にあった最悪な時期は占領下であり、このために食糧不足、食糧配給、戦争被害、住宅不足にはドイツ政府ではなく、戦勝国が対処した。また第一次世界大戦とは異なり、戦争責任の所在は疑う余地がなかった。ナチスによる絶滅戦争、そして、ドイツ人が犯した数々の犯罪は何があっても正当化されるものではなかった。ドイツ国防軍の全面的な敗北と第三帝国の無条件降伏は再び「背後からの一突き」伝説〔内部の裏切り者による「背後からの一突き」でドイツは第一次世界大戦に敗北した、という言説〕を生むことはなかった。重大戦争犯罪人は戦勝国の手により一九四六年にニュルンベルク国際軍事裁判で裁かれた。ドイツ人は、一九四九年まで連合国の管理下でおこなわれた五〇〇〇件を超える裁判でも、またニュルンベルクでも検事や裁判官としての重要な役目を担うことはなかった。第一次世界大戦後には新たな政治エリートたちに対する「祖国への裏切り」という告発がよく見られたが、ドイツ連邦共和国ではそうではなかった。同時に、ヒトラーやナチズムに肯定的な発言をすることは公の場では不可能になった。ただし、個人的な会話や陰口のようなものはそうではなかったことも指摘しておく必要があろう。

アメリカ、そしてアメリカに比べればそれほど厳しくはないがイギリスやフランスが実施した質問票や非ナチ化審査機関での裁判、大量の公職追放をおこなった大規模な非ナチ化政策は、ドイツ住民に嫌悪感を抱かせ、一部では不公平感を与えた。これは、罪の軽い同調者に早急に有罪判決を下す一方で、重罪なケースの審理はしばしば先延ばしにすることで最終的には減刑を勝ち取ることがあったためである。にもかかわらず、非ナチ化政策は政治・社会レベルでの再出発に重要な意味を持っていた。筋金入りのナチスは敗戦直後、公の場から退くことを余儀なくされた。このようななかで、政党、州政府、新聞、ラジオの再建に向けて動いた民主的な勢力は、ヴァイマル共和国にはなかった有利なスタートを切った。特に、一九四九年まで（その後も）連合国は、ネオナチのグループやネットワークが形成されないように監視していたのである。

非ナチ化政策の影で、連合国は、新たな出発に重要だが思いがけない決定を下した。それがプロイセン分割である。ドイツ帝国やヴァイマル共和国でもその規模は問題視され、国家の構造上、常にアンバランスだと考えられていた。旧プロイセン領をノルトライン゠ヴェストファーレン州、シュレスヴィヒ＝ホルシュタイン州、ニーダーザクセン州といった新たな州に分けたが、この調整にはプロイセンのかつての行政州の境界線が参考にされた。また、連合国はドイツ連邦銀行の前身となる「ドイツ諸州銀行」を設立し、一九四八年六月の通貨改革をおこなったが、これが一九五〇年代における高度経済成長の礎となった。なお、ドイツ人には一九四九年までは州レベルでの政治活動、そして、一九四七年六月以降にフランクフルトでおこなわれていた米英占領地区、後には米英仏占領地区の経済評議会での活動のみが許可されているにすぎなかった。また、この経済評議会も、州議会から代表が派遣されてはいるが、あくまでも非政治的な管理組織とされていた。

公の議論における「ヴァイマル・コンプレックス」とは、その多くがヴァイマル共和国が自ら招いた失敗であり、ドイツ連邦共和国が教訓としなければならないものであった。基本法の産みの親たちは、直接民主主義の要素をほぼ完全に放棄することで、議会評議会においてこの反省を具体化し、実際に連邦州の新編成にのみ国民投票が想定された。国家元首である連邦共和国大統領はヴァイマル共和国大統領と比較すると国家を代表する職務が大幅に制限されており、直接選挙によって国民に選ばれることもなかった。また、一九三三年以前のヴァイマル共和国大統領が代替憲法のような形で緊急時に議会を無視できる非常事態条項もなくなった。ドイツ連邦共和国の制度のなかで「憲法の番人」（カール・シュミット）として機能していたのは、もはや大統領ではなく、カールスルーエにある連邦憲法裁判所であった。この裁判所のメンバー選出は連邦議会と連邦参議院によっておこなわれた。司法レベルでの政治の監視機関を設置することで、基本法は、「第三帝国」で断絶された法治国家というドイツ固有の伝統に立脚したものとなった。

スイスのジャーナリストであるフリッツ・レネ・アレマンは、一九五六年にドイツ連邦共和国が没落するという予言に抗議したが、ドイツ連邦共和国がヴァイマルの轍を踏まなかったのは、創設期の国家や政府を担った指導者にも関係している。特に、一九四九年九月一五日にわずか一票差で初代連邦首相に選出されたコンラート・アデナウアーもそうであった。彼は、イギリス占領地区のCDU党首として、CSU、FDP、保守的なDPとともに保守連立政権を組むことに成功した。これによって、同じく首相を目指していたクルト・シューマッハー率いるSPDは野党になった。アデナウアーは、州レベルで何度か実現し、自党のなかでも広がりつつあった計画、つまり、一九一九年のヴァイマル連合をモデルとしたCDU／CSUとSPDからなる大連立政権には反対の姿勢を貫いたのである。

3 アデナウアーの宰相民主主義

アデナウアーが連邦首相に就任したとき、すでに彼は七四歳であった。彼こそは、一九一七年から三三年までケルン市長としてヴァイマル共和国で最も力を持った中央党の政治家のひとりに数えられた人物である。しかし、ナチスの政権掌握直後に職を解かれ、それから戦後まで、ナチ政権に関わることなく、抵抗運動グループとも接触することなく、レーンドルフの家に引きこもって国内亡命者として生きた。その彼について、イギリスの日曜紙『オブザーバー』は一九四九年夏、「ドイツ政治の舞台では傑出した策略家」と報じている。アデナウアーは敬虔なカトリック教徒であったが、聖職者ではなかった。教皇の勅書や教会への服従以上に、カトリック支持層の考え方やケルンの人間関係が彼に強い影響を与えていた。首相として彼は建国まもないドイツ連邦共和国の基盤を形成したが、これは後に「宰相民主主義」と呼ばれることになる。

建国初期独自の、かつ権威的とさえ映るほど剛健に首相が指導する政府のあり方の基盤にあったのは、基本法であった。議会評議会は大統領の職務を制限したが、首相の権限は強化し、基本法第六五条に従って首相は「政治の基本方針」を決定した。この「基本方針権限」によって、首相は各省庁大臣の権限を配分し、省庁間の諍いでも決定権を持っていた。首相は大統領や議会に対しても強い立場にあり、連邦議会が首相を辞任に追い込むことができたのは建設的不信任案によってのみだった。これは、ヴァイマル共和国のような短命政権を回避させ、政党が協力するよう促すしくみであった。アデナウアーの際立つ役割、つまり、様々な省庁を管理し、省庁の人事政策に決定的な影響力を持ち、法案策定に直接介入する姿は、政府の中心を担う強力な首相職を形作る上でインパクトを残したのである。

一九五五年の占領規約の失効まではドイツの主権は一部制限されており、重要な決定では協議が必要であった。ただし、これに対して戦勝国とのやり取りの場では、アデナウアーは信頼できて実行力のあるパートナーとされた。また、連邦議会との関係のなかでは、アデナウアーは権威的な政治スタイルを貫いた。そのようななかで、社会民主主義とは最も異なる特徴である経済システムに関する問題が、経済評議会においてすでに浮上していた。これは、一九四九年の選挙戦でアデナウアーとルートヴィヒ・エアハルトが掲げた「官僚的計画経済VS社会的市場経済」というスローガンでよりはっきりとしたものになっていた。彼らが言う「社会的市場経済」という概念は、「市場における自由の原則を社会的な平等性と結びつける」（アルフレート・ミュラー＝アルマック）ことを目指したものであった。

これが経済・社会政策の策定において具体的に何を意味するのかは、何も定まっていなかった。社会的市場経済はますます宣伝用語になり、選挙スローガンと化していった。エアハルト大臣の周辺にいた経済政策担当者たちは、この言葉の内容に柔軟性と実用性を持たせた。アメリカ占領軍の影響や「連帯」、あるいは「補完性」というようなカトリックの社会教義の原則に加えて、特にドイツのオルド自由主義がライン資本主義と呼ばれる経済政策を作り上げた。ヴァルター・オイケン、フランツ・ベーム、レオンハルト・ミクシュといったフライブルグ学派は、国家が経済競争を規制する範囲を定めることが必要であると強調した。一方で、ドイツ独自のコーポラティズムの伝統が影響を及ぼし続けており、労働組合と雇用者団体が同等の立場で経済活動の調整に連携することになった。

社会的市場経済を具体化するとき、一九五一年の石炭鉄鋼業における共同決定法、および、一九五二年の負担調整法が示すように、アデナウアーにはむしろ社会的な平等が念頭にあった。共同決定法とは、雇用者と被雇用者をルール地方の企業の監査役会では対等な代表にすることに同意したものであり、負担調整法とは、戦争被害の犠牲者や被追放民に利する家財手当、通貨調整補償、旧貯蓄者補償を精力的におこなうものであった。これに対してエアハルトは、社会における富の分配よりも経済成長による社会問題の解決を優先した。彼は、競争、自由貿易、均衡がとれた予算を重視し、経常支出は経常収入から賄われるべきであると考えた。また、国家による積極的な産業政策も、価格形成への介入も嫌い、安定した物価水準は政治から独立した中央銀行の金融政策によって達成されるべきとした。しかし、ドイツ独自のコーポラティズムの再強化、ドイツ産業連盟（ＢＤＩ）によって宣伝されたカルテル法の廃止、エアハルトが好んだ元本補償の代わりの掛け金制度を導入し、ＳＰＤと連携で進められたアデナウアーの一九五七年の年金改革などにより、エアハルトはすぐに受け身に回った。

アメリカの庇護がなければ西ヨーロッパはソ連の拡張政策に翻弄されると、アデナウアーは確信していた。このためにアデナウアーは、アメリカの支援が外交政策を成功させるための大前提であると考えた上で、自らの政策に着手するにあたりドイツ人が権力を喪失してしまったという事実も受け入れつつ、東西対立という情勢のなかでドイツの立ち位置を改善するチャンスを見出していた。シューマッハー率いるＳＰＤは、連合国との協力が話題に上る前から、彼らから譲歩を引き出すことを期待していた。これに対して、アデナウアーは、段階的に対等化への道を切り開き、占領規約の根幹部分を撤廃し、できる限り多くの国家主権を西ドイツに取り戻すためには差別的な扱いも我慢して、こちらからの譲歩も辞さない、という心構えであった。東西対立という背景でこのような道を模索したアデナウアー政権は、占領統治の終了に関するパリ諸条約（一九五四年一〇月二三日）、ＮＡＴＯへの西ドイツ加盟（一九五五年五月六日）、そして、一九五五年一一月一二日に最初の兵士が着任する連邦軍の発足への西側連合国の同意に漕ぎつけたのである。

欧州統合は西ドイツ外交の第二の柱であり、その基本理念は、フランス式でドイツを再びヨーロッパに統合するというものであった。西ドイツの強力な経済力は、フランスや他のヨーロッパ諸国の利益と一致させるためにも、ヨーロッパというしくみに結びつけられるべきであった。しかし、一九五四年八月末に、フランス国民議会ではフランス共産党やド・ゴール主義者による抵抗が起こり、欧州防衛共同体構想は頓挫し、防衛分野における欧州統合は失敗していたのである。ただし、一九五〇年五月九日のいわゆるシューマン・プランによって重工業の分野ではなんとかうまくいった。これによって、フランスと西ドイツにおいて軍需産業に密接に組み込まれた石炭鉄鋼業を共通の「最高機関」のもとにおき、同時に他の西ヨーロッパ諸国にもこの組織へ参加する窓口を開くことが重要であった。つまり、石炭・鉄鋼の分野における経済協力は、共通組織である最高機関が軍備拡張を早期に把握し、秘密の戦争計画を不可能にするので、将来起こりえる戦争を未然に防ぐことができた。さらに、この統合の根幹部分は超国家原則であった。最高機関のメンバーはそれぞれの加盟国によって決定され、最高機関が何かを決定するにあたり各国の議会や政府の関与を必要とはしないが、全ての加盟国を拘束するものであった。

一九五一年四月に締結されたＥＣＳＣ条約には、フランスと西ドイツに加えてイタリアやベネルクス三国が参加した。この条約こそが、将来的な分野と認識されていた原子力産業における連携（ＥＵ

RATOM）やEECにおける通商でのような、よく似た組織づくりのモデルとなった。また、双方の組織とも、一九五八年一月一日に発効したローマ条約で承認された。EURATOMに寄せられた大きな期待は満たされなかったが、EECは欧州統合のプロセスのなかで核となる組織へと進化した。EECによって、超国家組織という考えや国家の枠組みを超えた法システムが次第に実現していったのである。

東側との関係において、アデナウアー政権は「力の政策」を推し進めた。西ドイツが西側陣営の支援を得て政治・経済的に強い影響力を持てば、ソ連に占領地区を放棄させることもできると考えられていた。だからこそ、再統一問題はドイツ政治の核であった。当然アデナウアーは、再統一のために西ドイツの自由や西側との結束を犠牲にしてはならないと考えていた。だからこそ、非軍事化された全ドイツの中立化を目指すという、一九五二年三月にスターリン・ノートで述べられたソ連側の提案をアデナウアーは拒否したのである。また、西ドイツは、ドイツ国の正当な後継国家であることにあくまでも固執し、この観点からドイツ全体に対する西ドイツの単独代表権を主張した。この姿勢を貫徹し、SED体制を外交的に孤立させるために、西ドイツ政府は当時の外務次官であったヴァルター・ハルシュタインの名にちなんだ原則に従って、他国が東ドイツと外交関係を樹立することを「非友好的行為」とみなした。

一九五五年に西ドイツ政府がソ連と国交を樹立した後にも、ハルシュタイン原則は必要とされた。ソ連との国交樹立が、ソ連が主張した「ドイツ二国家論」を認め、さらにはドイツ分断を正当化し、ドイツ民族の利害を公式に代表する唯一の国家であるという主張を放棄させる危険性を孕んでいたためである。にもかかわらず、アデナウアーはモスクワ訪問を敢行した。再統一問題はソ連なくして解決されないと彼自身が認識していたのがその理由であったが、特に、ソ連に多くのドイツ人戦争捕虜や強制連行された民間人が抑留され、いまだに帰還していないことが問題だった。粘り強い交渉を経て、アデナウアーは成果を勝ち取った。モスクワ訪問の数週間後、ソ連指導部は第一陣となる一万人の戦争捕虜と約二〇〇〇人の民間人のドイツへの帰国を許可したのである。当時の人たちは、これをアデナウアーの最大の功績とみなし、一九五五年秋にはアデナウアーの人気は空前絶後を博した。

一九五三年の連邦議会選挙での勝利や一九五七年の絶対的過半数の獲得といったCDUによる支配の背景には、社会における様々な統合政策の成功があった。カトリックとプロテスタントが苦労して和解したことで、CDUは宗派を超えた結集政党としての姿勢を打ち出していた。また、この政党はその牙城ラインラントにおいてかつてのカトリック政党であった中央党の伝統と組織上は結びつきを持っていたが、露骨なカトリック剝き出しの方針とは一線を画していた。このために、CDUは、保守勢力、自由主義勢力、キリスト教社会主義勢力にとって政治的な拠り所となった。さらに、「キリスト教」という形容詞は、「ナチズム、社会主義、資本主義への対抗軸」となっており、これと同じく無慈悲なマンチェスター派の自由主義、そしてマルクス主義とも距離をおいた。なお、このマルクス主義はＳＰＤやＫＰＤが、両党のあらゆる相違にもかかわらず、一九五〇年代に入っても唯一世界観の基盤として共有していたものである。

ＣＤＵ／ＣＳＵの優位は、有権者への幅広いアピールだけでなく、巧みな連立形成にもあった。ＣＤＵ／ＣＳＵはアデナウアーの主導の下、保守陣営のなかで効果のある連立政治を展開した。アデナウアーは最初の任期でＣＤＵ／ＣＳＵ、ＦＤＰ、ＤＰの連立に支えられ、一九五三年の第二回連邦議会選挙の後には被追放民の利益団体である故郷被追放者・権利被剝奪者の連合（ＢＨＥ）もこの連立に加わった。連邦議会へ少数の議員しか送り込んでいない小政党もあった（五％条項は連邦レベルで一九五三年にはじめて運用された）が、政権樹立の際にはかなり配慮された。しかし次第に、小さな保守政党は大きな連立相手による吸引力から逃れられず、一九六〇年代初頭までにＣＤＵ／ＣＳＵに吸収された。そのなかで、ＦＤＰだけが、自立性を維持できた唯一の連立相手であった。このようにして、ヴァイマル共和国の時期を彷彿とさせるような、一九四九年に連邦議会に議席を占める一〇の政党による政党政治は、一九五〇年代には党数を縮小していった。一九五三年に連邦議会には六つの政党が議席を有していたが、一九五七年にはたった四党となっていたのである。

結集政党としてＣＤＵ／ＣＳＵがおこなった統合政策は、宗派間や保守陣営における政党政治の対立を克服しただけでなく、ナチス支配下の加害者、被害者、同調者の世界観による亀裂をも埋めた。象徴的なのは、アデナウアーの腹心であったハンス・グロプケである。彼は一九三二年から四五年まで帝国内務省の官僚であり、ユダヤ人を法的に劣等とみなすニュルンベルク法の注釈書を手がけた人物であった。アデナウアーはグロプケの過去を知りながらも、その能力、効率性、忠誠心を評価した上で、彼の首相在職中はグロプケを留任させ続けたのであった。

連邦議会は一九四九年にすでに、いわゆる刑免除法でナチスの犯罪を理由に起訴される可能性が高かった数千人を恩赦した。また、基本法第一三一条によって、戦勝国に公職追放されていた三〇万人以上の公務員や兵士に寛大な処置がなされた。こうしてドイツの官僚制度は存続し、連合国が想定した断絶に向かうことはなかった。建国まもない西ドイツでは、ナチスの犯罪の刑事訴追に特に大きな関心を寄せていた人間はほとんどいなかったために、戦勝国からドイツ側へ責任の所在が移った後、ナチスの過去に関する法的な再検討はほぼ一〇年間にわたり機能不全に陥った。一方ではイデオロギー上の断絶、そして、他方では小物・大物のナチスも含めて、道徳的に良心の呵責をわずかにしか示さなかった社会への再統合の実施が、西ドイツの「過去をめぐる政治」の特徴であった。歴史家ヘルマン・リュッベがナチスの過去を「コミュニケーション上の沈黙」と名づけたものが、戦間期の政治の二極化が一九四九年以降に繰り返されなかった大前提となっていたのである。

4 保守勢力の近代化

精神・社会・文化の歴史に鑑みて、西ドイツの創設期は「刺激的な近代化の時期」や「保守主義の庇護のもとでの近代化」と言われた。アデナウアー時代の政治状況は、ドイツならではの反全体主義に決定づけられていた。それは、政治の日和見主義、静かに受け止められた反ナチズム、声高でときには激しく叫ばれた反共産主義が混ざり合ったものであり、特に反共産主義は戦前から広まっていた姿勢や考えに結びつくものでもあった。ナチスの加害者が西ドイツの法廷に突き出されることはないと高を括っていた頃、国家反逆罪という理由で共産主義者に対する何万件もの裁判が起こされていた。反共産主義は西ドイツ創設期の多くのドイツ人にとって、一九四五年のイデオロギー上の断絶を乗り越える精神的な架け橋となっていた。

一九五一年一一月、その少し前にカールスルーエに設置された連邦憲法裁判所に西ドイツ政府が同時に二つの政党、つまり、ネオナチのＳＲＰとＫＰＤの活動禁止を申し立てたとき、反共産主義的な傾向を帯びた反全体主義的な潮流が顕著となった。まず、ＳＲＰに対する訴えは、政党として組織されたネオナチの芽を早く摘むという連合国の圧力によるものであった。そして、ＫＰＤに対する訴えは、深く浸透していた反共産主義、そして、東側からあらゆる方法で、また、西ドイツの共産党員の陰謀による脅威へ広がる不安から生じたものであった。最終的に、二つの政党とも活動が禁止された。ＳＲＰの活動禁止については一九五二年に、大きな異論もなく迅速におこなわれた。これに対して、ＫＰＤに関する裁判は、長い審議や政府と裁判所のあいだでの非公式の事前交渉を経て一九五六年まで続いたのであるが、法治国家としての条件を満たすものではなかった。

戦争の影響が強く残された社会において、狭い私的領域と個人の豊かさだけに関心を寄せて精神性が形作られた。西ドイツにたどり着いた旧東部ドイツ領からの八〇〇万人の被追放民に加えて、トラウマを抱え、傷つき、半分飢餓状態で故郷に帰還した何十万人もの戦争捕虜もいた。また、約一〇〇万人ものドイツ国防軍の兵士が行方不明になっていた。一九五〇年には、二五歳から四五歳の女性が一〇〇人いたのに対して、男性は七七人しかいなかった。夫が戦争で死亡したり行方不明となった後、新しい相手を探す女性は、わずかな遺族年金を失わないように入籍をしない事実婚をした。そのようななかで、西ドイツの創設期において、人々は戦時や戦後の悲惨さから逃れることにエネルギーを注ぎ、新しくよりよい社会を生み出すよりも、戦前にすでに手に入れていたものを取り戻すことを目指したのである。

一九五〇年代後半より、西ドイツ社会は、朝鮮戦争以来の輸出ブームによって大きな繁栄を享受していた。一九五〇~六三年のあいだに、実質賃金は二倍となっていたが、そのなかで人々は懸命に働いていた。このために、産業界において平均的な労働時間は週六日で五〇時間であった。一九五〇年中頃になってようやく「長い週末」と呼ばれる週休二日制が導入された。通貨改革後に上昇した失業者数は、一九五一年以降は継続的に減少していった。一九五五年には西ドイツの国民総生産の伸びは一一・八%となり、これはこれ以降に達成されることはない戦後の最高水準であった。このような高度経済成長は西ドイツという分断国家の国力増強に貢献し、被追放民や難民を急速に問題なく社会に組み込めたわけではなかったものの、ほぼ成功と言えるものであった。

手に入れた繁栄の大部分は維持されていたが、初期の西ドイツはこの後のような消費社会ではなく、戦争と困窮の経験からあくまでも「節約する社会」であった。このために、一九五〇年代に貯蓄額は所得よりも四倍の速さで増加した。お金を使うのは、日々の生活に役立つ実用的なものを買うときだけであった。一九五三年の調査によれば、西ドイツの全世帯のわずか九%が冷蔵庫を所有するだけで、掃除機でもたった二六％だった。これが一〇年後には、冷蔵庫が全世帯の五〇％、掃除機が六五％以上となった。移動手段は、徒歩か、自転車か、バスや電車だった。また、モータリゼーションの影響を受けた層でも、車よりもモペットかオートバイが購入されていた。一九五七年にようやく、乗用車の新規登録台数がオートバイの新規登録台数を上回ったのである。

当時このような状況は、階級社会から、プロレタリアートでも貴族でもない「小ブルジョワ・中産階級」による「平準化された中流社会」への移行と解釈された。戦争と崩壊が社会を平準化したという認識は、通貨改革で国民それぞれが受け取った一律四〇ドイツマルクという支給金に象徴されていた。また「経済の奇跡」の時代による豊かさを国民全体が実感したということともあわせて、このような認識が「平準化された中流社会」という解釈を社会に広めることに貢献したのである。ただし、社会の「平準化」はおそらく主観的な感覚によるもので、実際の所得や資産の分配についてはそうではなかった。つまり、一九五〇年代に富の再配分は生じることはなかった。ただ実際に起こった現象は、経済成長によるあらゆる階級における生活水準の著しい向上であった。これこそがまさに、ルートヴィヒ・エアハルトとその取り巻きが、市場経済において「社会的」とみなしたものである。

学問や芸術の分野では、時代は「保守的な嗜好と文化的な解放」といった流れになっていた。これまでの古い文化は依然として影響を及ぼし続け、ナチズムの後にも再び受容されていた。一九四〇年代の終わりから一九五〇年代の初めにかけて、ドイツの舞台では、ドイツ語の古典を中心として、他にはアメリカ、フランス、一部でイギリスの劇作家の作品が上演されていた。すでに戦間期、あるいは、それ以前に名声を得ていたカール・ツックマイヤー、ベルトルト・ブレヒト、フランツ・カフカ、トーマス・マン、ゴットフリート・ベンといった作家は人気があった。自らの戦場や捕虜生活の経験を文学で表現しようとしたハインリヒ・ベルやアルフレート・アンデルシュのような若手作家は、古い世代が君臨する文壇において苦心しながらも「廃墟の文学」で存在感を示した。彼らの文学作品は、ドイツ帝国や第一次世界大戦、一九二〇年代ではなく、「第三帝国」や第二次世界大戦、そして、崩壊と復興の時代から作られた想像の世界をベースとしていた。映画界では、グレース・ケリーやケーリー・グラントより、ドイツ人俳優のゾーニャ・ツィーマンやルドルフ・プラックがドイツ人に好まれたカップルであった。また、ルイ・アームストロングやマイルス・デイヴィスといったジャズミュージシャンよりも、船乗りをモチーフにヒット曲を連発したフレディ・クィンのほうがレコード販売売上を上回った。そして、大学は伝統的な体制を復活させ、ナチスであった教員は排除されたものの、それ以外は現場で必要とされたことから、また教員が互いに同僚への忖度や義理を感じたことから、それまでどおりの顔ぶれに落ち着いた。

一九五〇年代初期や中頃は、継続性、画一主義、消耗される俗物主義に疲弊した「灰色の時代」ではなかった。一九四五年以降のドイツには、全体主義の独裁者による強制的同質化や言論統制でストレスを溜め込んでいた「議論好き」がいた。そういう人たちは、再び外国に門戸を開いた大学の研究や教育の場にも、ヴェルナー・ヘーファーのテレビ番組『朝から一杯』にも、ラジオ局の深夜番組にも、一九四〇年代後半から一九五〇年代初頭にかけて一斉に設立されたロックムやトゥーツィングのプロテスタント・アカデミー（福音派ルーテル教会が設立し、運営するプロテスタント系教育センター。ロックムはニーダーザクセン州の首都ハノーファー近郊、トゥーツィングはバイエルン州の首都ミュンヘン南方のシュタルンベルク湖畔に位置する）やハンブルクのハウス・リッセン（ハンブルクの政界、経済界、知識人などの有志の呼びかけにより、西ドイツの青少年に対する民主主義教育を支援するという目的で設立されたセミナーハウス）にもいた。また、一九三三年にドイツで壊されてしまった西側モダニズムの伝統との結びつきを再発見しようとする機運が生まれた。一九五五年以降にカッセルで開催されている「ドクメンタ」（現代芸術の展覧会。ドイツ中部の町カッセルを会場とし、一九五五年に始まった。当初は四年に一度、現在は五年に一度開催されている）でバウハウス建築や抽象絵画が展示されたことも、この時代の雰囲気を表わしている。「自由な世界」を表現した現代芸術は、ナチズムの血と土の芸術とも、東ドイツの社会主義リアリズムとも距離をとったのである。

第二章　改革と反乱——一九五八〜七三年

1　変革期にある西ドイツ

西ドイツ史の第一段階は国家制度の形成と安定化と言えるものだったが、第二段階は社会の激変と自由化が特徴であった。社会の激変は持続的な好景気がその原動力である。国民総生産の平均成長率は一九五〇年代に七％から九％を維持し、一九七三年頃まで四％を切ることはなかった。また、一九六〇年代末までに、労働生産性で西ドイツはアメリカに追いついた。ただし、工業・サービス業に対し農業の重要性はますます低下していた。一九五〇年から七〇年にかけて、農業従事者の割合は二五％から六％へと減少した。生き残った農場は大規模なものがほとんどで、機械化された大量生産や化学肥料の使用へと切り替えられた。これに対して、製造業従事者の数はさらに増加し、一九六〇年初頭にはピーク時で五〇％を超えたが、その後次第に減少していった。また、それに伴うヒトの移動があった。この移動は田舎から都会へ、特に新しい仕事がある大都市へ、そして、都市の中心部から、格安の住宅や値頃な土地がある郊外へ、といった二つの流れであった。都市が周辺地域へ拡大するにつれて、都市と田舎の対比は意味をなさなくなった。

産業発展の恩恵を受けたのは、ドイツが伝統的に得意としている第二次産業革命の主要部門、つまり、電機・機械製造、ライン河畔やマイン河畔に位置する大規模化学工業、ドイツ南西部に拠点を持つ自動車産業であった。これらは持続する経済成長を下支えしており、実際に堅調な成長率に貢献していた。さらに、コンピュータ技術や電子工学、そして、原子力エネルギーの技術革新により第三次産業革命が始まりつつあった。このために、第一次産業革命の伝統的な産業である繊維業や造船業、特に石炭・鉄鋼業が窮地に陥った。一九五八年に突如として起こった炭鉱危機は、エネルギー生産が石炭から石油や天然ガス、一九六一年以降は原子力へとシフトしたことが原因である。すなわち景気の影響だけでなく、構造変化がその根幹にあったと言える。ルール地方の石炭は、埋蔵状態のせいで他に比べて採掘に費用がかかり、そのため国際競争力を失って、多くの炭鉱が次々と閉鎖され、一九五八年に五〇万人いた炭鉱労働者は一九七〇年には二〇万人となっていた。かつてヨーロッパ最大の工業地域であったルール地方では、このように構造変化が始まっていたのである。

失業率が一％以下というほぼ完全雇用の時代には、構造変化もなんとか克服できそうに思えた。それに、優先されるべき課題が他にあった。それは、好景気を背景とした労働組合によるいっそうの賃上げである。一九五五年にＩＧ鉱業が一二％の賃上げを要求し、ストライキも辞さないという姿勢で九％の賃上げを勝ち取った。また、新たな労働力を獲得する条件も厳しくなった。想定以上の労働力が必要となったときに、ベルリンの壁の建設までは、東ドイツからの逃亡者で補充された。しかも、一九五〇年から六一年まで「地区（東ドイツを西ドイツはそう呼んでいた）」から来ていた約三六〇万人は、ほとんどが若くて職業訓練を受けた人々であった。しかし、東ドイツ政府が一九六一年夏にベルリンの壁を建設して西ドイツへの労働力流出を阻止したために、次第に南欧の人たちが東ドイツからの逃亡者の代わりに働くようになった。

南欧からの労働者は賃上げ圧力を解消し、（主に未熟練労働者向けの）雇用に応え、ドイツ人が嫌う仕事を引き受けた。一九五〇年代中頃、西ドイツ政府はイタリアとの労働者募集協定（一九五〇年代中頃）を締結したが、イタリア政府もこれで南部の失業者を減らせると期待した。一九六〇年代になると、スペイン、ギリシア、トルコ、モロッコ、韓国、ポルトガル、チュニジア、ユーゴスラヴィアと協定を締結した。このために、一九六二年から七四年には、この協定を利用して八八〇万人が西ドイツに稼ぎに来たのである。彼らは「ガストアルバイター」（直訳すれば客人労働者）と呼ばれたが、これは契約が終了したり不景気になった場合には故国に帰るべき、と考えられたからである。実際、多くの人々が自国での経済的見込みがよくなると帰国したために、五二〇万人の外国人が一九六二年から七四年のあいだに西ドイツを去った。しかし、自国での展望が開けなかったり、西ドイツにすっかりなじんでしまった人々は、そのまま定住した。まず第一陣としてイタリア、ギリシア、スペインから、一九六七年以降はユーゴスラヴィアやトルコから外国人労働者がやって来た。一九七二年初頭には、トルコ系労働者（五〇万人）がはじめてイタリア系労働者の数を上回った。外国人労働者は、ドイツ人の時短労働で生じた不足分を補うためにも働いた。というのも、週休二日制の導入で、一九五〇年代末頃には多くの産業部門で週四五時間労働が実現間近であった。一九六三年には、連邦休暇法によって、若年労働者には年一五日間、年配の労働者には年一八日間以上の有給休暇が取り決められたのである。

このように労働市場が良好な状況にあったことが、大幅な所得の上昇をもたらした。それまで可処分所得は貯蓄へとまわっていたが、さらに消費につながるほどの余裕が生じたのである。まずは家電製品、次に自動車、そして娯楽用電子機器や旅行への支出が増加した。自家用車の所有で、自ら計画した旅行が可能になった。ドイツ人が休暇にでかける交通手段は一九六四年に自家用車がバス・鉄道を上回り、パック旅行よりも個人旅行が主流になりつつあった。また、遠方の目的地に移動するようになり、飛行機を利用した旅行も一般化していった。さらに、商店主がカウンター越しに立って接客する個人経営の商店よりも、商品を自分で棚から選んで取るアメリカ式の近代的なスーパーマーケットがどんどん普及した。

ラジオは「戦後復興を象徴するもの」であったが、ここにきて「初期のポスト工業社会の豊かさ」の象徴となったテレビに取って代わられた。一九五四年のサッカー・ワールドカップ決勝において、西ドイツ代表は下馬評で優勝候補であったハンガリーに逆転勝利し、これは「ベルンの奇跡」と呼ばれた。ほとんどのドイツ人はこの試合をラジオ、あるいは、近所の居酒屋にあるテレビで観戦したが、その九年後、一九六三年にサッカー・ブンデスリーガが発足したとき、全世帯の四分の一がテレビで観戦できるまでになっていた。「テレビ画面」の前で西ドイツの人たちが長時間過ごすようになったことは、ラジオの地位の低下や映画館来場者の減少という弊害をもたらした。ラジオはBGMになり、映画の延べ来場者は一九五六年の八億人から、一九七〇年には一億六〇〇〇万人へと激減した。

2　政党政治の変化

コミュニケーション社会の登場は政治にも影響をもたらした。CDUは早い段階（一九五三年のアメリカ訪問から）から、世界を駆け回る国家指導者として外国訪問する首相の姿だけでなく、ボンの自宅の庭で薔薇を栽培したり、イタリア・コモ湖での夏の休暇にボッチャを興じる、子供や孫に囲まれた首相のプライベートの姿も広めることに腐心した。SPDの新星ヴィリー・ブラントは写真写りやテレビ映りがよく、大変な人気を博した。これは、メディア慣れしていないSPDの古参メンバーに比べて、見栄えよく振る舞う術を格段に熟知していたためであった。

アデナウアーとブラントの取り巻きを比較すると、メディア重視の傾向がさらに一目瞭然となる。アデナウアーは宰相民主主義の要を法律家に託していた。例えば、首相府のグロプケ、外務省のハルシュタイン、外交問題顧問官は国家法・国際法の専門家ヴィルヘルム・グレーヴェといったところである。報道官はジャーナリストのフェリックス・フォン・エッカートだが、これは政府内では異色の存在であり、首相がこの人選に苦労したのは間違いない。自身も弁護士であったアデナウアーの個人的嗜好とは別に、建国期という事情から法律に強い人材が優先され、国家主権をめぐる粘り強い交渉で法律を武器にして一つひとつ勝ち取っていったという事情が背景にあった。

これに対して、アデナウアーから一〇年たったブラントの周辺には、メディア関係者が目立って多かった。側近のエゴン・バールはベルリンのアメリカ占領地区放送局ジャーナリスト出身、スピーチライターであったクラウス・ハーププレヒトは文筆家、一九七二年に首相府次官にまで登りつめたギュンター・ガウスは雑誌『シュピーゲル』の元編集長であった。元ジャーナリストである首相の同業者で周囲を固めるという傾向が、人事に影響を及ぼしていたことがわかる。また一九六九年以降、SPD・FDP連立政権において政治とメディアが接近したことは、個人主義化していった社会、つまり、イデオロギーに縛られず、また政治指導者がよりいっそうそのご機嫌取りをしようとした社会において、政治の概念化や実行にメディアが仲介する意義が増大していることを示していた。

社会情勢の変化のなかでCDU／CSUは次第に優位を失ったものの、特に選挙でのCDU／CSUの勝利は、SPDに党綱領や党人事を見直させるきっかけとなった。一九五九年一一月のゴーデスベルク綱領は、従来の理念の基盤であったマルクス主義への固執から決別し、「できる限り競争を、必要な限り計画を」というスローガンで、包括的な社会化に代わって多様な経済の枠組みへの展望を切り開いたのである。さらに、連邦軍の存在と国土防衛の原則も認めた。その翌年には副党首ヘルベルト・ヴェーナーが連邦議会で演説し、（アデナウアーの基本政策である）西側統合、NATO加盟、欧州統合を西ドイツの外交政策として受け入れるまでの柔軟性を見せた。また、ＳＰＤは、シューマッハーの指導に基づいた議会での原則反対の立場に終止符を打ち、中期的に大連立政権を目指す政府との協調路線を打ち出した。

ＳＰＤはこれらの方策と並行して、カリスマ的な党の守護神シューマッハーの早すぎる死去の後に、一九五二年に中継ぎで党首に緊急登板した生真面目だが愚直なエーリッヒ・オレンハウアーから徐々に権力を奪い、同時に彼の周囲に前途有望な政治家たちを配置しながら、人事刷新をおこなった。その背後では権謀術数家として優れたヴェーナーが糸を引いていた。ヴェーナーは、自分が首相の座に就くことなどありえない、とわかっていた。ナチ政権に対して共産主義者による抵抗運動を地下で組織した後、一九三七年に彼はモスクワへ亡命し、そこでスターリンの粛清に関与していた。このためにＳＰＤの改革派は、一九五七年から六六年まで西ベルリン市長を務めたヴィリー・ブラントを首相候補と決めていた。ブラントは一九三三年にナチスから逃れてまずノルウェーへ、その後にはスウェーデンへ逃亡し、ノルウェー国籍を取得して、一九四五年に北欧の新聞社の特派員としてドイツに帰国した。彼はアデナウアーの西側統合政策に対するＳＰＤの反対姿勢をいち早く批判し、党内改革に全力を尽くしていた人物であった。

ＳＰＤが党の近代化にいそしむあいだに、ＣＤＵ／ＣＳＵの問題は肥大化していた。そのようなときに、八〇歳を超えるアデナウアーの後継問題を考える声が聞こえるようになっていた。多くは経済大臣エアハルトが後継者としてふさわしいと考えていた。しかし、アデナウアーはエアハルトをタフさや実行力に乏しく、神経質で特段勤勉というわけでもない、と見ていた。加えて、アデナウアーは、アメリカとの関係や世界規模の自由貿易を熱心に主張して、フランスとのつきあいや地域関税同盟の枠組みでの緊密な欧州統合を重視しない若いエアハルトの外交方針に不信感を抱いていた。このために、アデナウアーは一九五九年に自らが大統領職に鞍替えして、そこから主導権を握るという構想を持つようになった。しかし、それが頓挫して「首相職をめぐる争い」に敗れたとわかると、急に話を撤回してしまった。大統領職をめぐる危機は、アデナウアーが党内や政府内でどれほど力を持っているかも示したが、彼が後継者問題を煽り、周囲が彼の戦略に疑問を抱くようにしてしまったために、その地位は脅かされることになった。

一九六二年秋には「シュピーゲル事件」がより大きな波紋を引き起こした。これは、連邦検察局がハンブルクにある雑誌『シュピーゲル』編集部を家宅捜索し、編集長ルドルフ・アウクスタインと編集者数人を逮捕したことに始まる。連邦軍に関する記事に国家機密事項が含まれていたので、「国家反逆罪」を問われたのである。しかし、西ドイツ世論の大半がこれに憤慨した。大学生、大学教授、芸術家、作家、ジャーナリストが言論の自由や法治国家が危機にさらされているとみなした。事前に家宅捜索や逮捕を通告されず、しかも、この事件に深く関与したと最初から白状していたフランツ・ヨーゼフ・シュトラウス国防大臣（CSU）をアデナウアーが慰留しようとしたので、（この問題の所轄である法務大臣も含めて）FDPの閣僚は辞任した。最終的には、FDPとの連立政権を維持するためにシュトラウスも辞任を余儀なくされた。首相自身も批判にさらされ、一九六三年秋に辞任すると表明せざるをえなかったのである。

それ以来、アデナウアー時代の終焉が見え始め、CDU／CSUの優勢も失われていった。結局エアハルトはアデナウアーの後継者となり、一九六五年九月の連邦議会選挙には勝利した。しかし、翌年エアハルトは自党の議員団から辞任を迫られ、クルト・キージンガー首相（CDU）は、ブラント外務大臣兼副首相（SPD）を従えた連立政権を発足させ、連邦議会においてFDPは唯一の野党となった。経済政策において、計画経済と市場経済の大きな隔たりを解消できたことで、大連立政権が実現したのである。そして、経済大臣となったカール・シラー（SPD）と財務大臣として内閣に復帰したシュトラウスは、ドイツ人にはおなじみの絵本『プリッシュとプルム』に登場する仲良しなふたりの主人公のように共に協力した。社会的市場経済は、二極対立が解消されたことで、SPDも参加できるものになったと言える。

第一回連邦議会選挙においては多くの政党が存在していたが、一九六〇・七〇年代は、そのなかでCDU／CSUやSPD、そしてFDPだけが生き残った。すなわちこの時期は、政党政治が収斂される過程の完成とそのピークでもあった。一九六四年に結党された極右政党のドイツ国家民主党（NPD）は、一九六〇年代後半にいくつかの州議会で議席を得たが、それで終わった。CDU／CSUとSPDは国民政党として成長し、あらゆる社会層、年齢層、反全体主義的な基本理念にあるイデオロギー陣営からの党員や有権者に支持されており、左右にかなり離れた、政治的に周辺部にいる人々も統合することができた。

ＦＤＰはＣＤＵ／ＣＳＵやＳＰＤよりもコアな有権者層の獲得を目指し、自立した政党として生き残っていた。これには理由がある。一つは帝政期よりドイツの市民層に深く溶け込んでおり、自由主義者の反教権主義がキリスト教民主主義に対してイデオロギー上一線を画していたためであり、さらには、ＦＤＰ指導部が早い段階からＣＤＵの取り込み政策に対応して、一九五〇年代中頃から外交や東西ドイツ問題においてその独自性を打ち出していたためでもあった。大連立政権が計画したイギリスモデルによる多数決制度の導入はＦＤＰの消滅をも意味したが、それが失敗に終わった後、ＦＤＰこそが政治のキャスティングボードを握る、一九八〇年代初頭まで続く三党政治体制が確立されたのである。そして、一九六九年の連邦議会選挙ではブラントとＦＤＰ党首ヴァルター・シェールが「政権交代」へのチャンスを活かし、戦後初のＳＰＤ政治家を首相とする連邦政府を樹立したのである。

3　近代化と抗議

一九六六年から六九年までの大連立内閣やＳＰＤ・ＦＤＰ政権は、戦後復興期とは根本的に異なって、経済成長の持続や社会・経済発展への国家介入の必要性を確信していた。政治によって経済を科学的に計画できるという信念には、建国初期ではまだナチスによる四カ年計画や東ドイツの計画経済といった否定的なイメージがつきまとっていたが、この頃になると劇的に変わっていった。共産主義とは厳しく一線を画するという姿勢は、技術の進歩やそこから生じる変化への圧力という状況のもと、システムが収斂していくなかで、敵対する勢力もますます似通ったものになっていくという確信に屈したのであった。

近代化とは社会の平準化と理解されており、また国家の投資による合理的管理が信条となった。その典型例に、交通大臣ゲオルク・レーバー（SPD）のインフラ計画がある。これは道路網、特にアウトバーン（高速道路）の大規模な拡充を目指したものであり、一五年後には、西ドイツ国民の誰もが最寄りのインターチェンジまで二五キロメートル以上移動する必要がなくなるという計画である。また、彼のアイディアにはこれまで緊急避難先とされていたボンを首都へと拡充するというものがあり、それはボンが持つ暫定性がさらに薄れ、その永続性が信じられ始めるという政治環境の変化を表わしていた。そして、一九六〇年代と一九七〇年代初頭に、ボン北部の旧市街から南部のバート・ゴーデスベルクまで、そしてライン川の対岸までをもハイテクな官庁街に開発し、市内に点在する省庁を集約することを計画したのである。

進歩に前向きな姿勢、なにごとも実現可能だという考え、未来への確信といった精神は、一九六九年の連邦制度改革にも息づいていた。これは、連邦と州によるそれまでの非公式協力を制度化するといったものである。これによって、統一された景気対策や予算政策に州を縛りつけることができた。ただし、その見返りに、連邦の法律審議において州の代表で構成される連邦参議院は発言権を拡大させた。実際には、この改革が政治レベルでの連携を次第に強化したため、連邦議会や連邦参議院において多数派が異なるねじれ現象が多くなると、法律審議が阻止される可能性が生まれた。そして、広範囲にわたる司法改革では、離婚する権利を男女平等にする、非摘出子を摘出子と法的に同等に扱う、同性愛を罰しない、社会復帰の妨げになるとして刑法を見直すなどした。学校や大学に目を向けると、教育と民主主義の関係について超党派による改革がおこなわれた。これによって、「ドイツの教育崩壊」という警告に対応して、ギムナジウムや大学への進学率は上がり、既存の大学は拡充され、ビーレフェルトやコンスタンツのような改革派のコンセプトを持つ大学が設立された。

大連立政権で最も議論されたのはいわゆる非常事態法であった。これは、一九四九年に基本法が可決されたときに戦勝国が持っていた留保権の瑕疵を、非常事態法整備に際して定めるべきものであった。一九五五年に西ドイツが（ほぼ）完全に国家主権を回復したとき、米英仏は西ドイツが基本法に非常事態時の規則を入れることを認めた。しかし、連邦議会では基本法改正に三分の二の同意が必要だったため、この問題について一〇年以上も何の進展もなかった。CDUとSPDは一九六六年以降の大連立政権を、通常の連立とは異なる、あくまでもたった一度きりの例外と考えていた。だからこそこれを、非常事態法の一挙解決に活かした。その際に、これを批判した人々は、共和国大統領が緊急権を行使して民主的な政権樹立を阻害し、大統領府が帝国議会を無視して統治したヴァイマル共和国の最期を思い出したのである。つまり、彼らは、基本法においても非常事態法が同じように悪用される可能性を嗅ぎとったのである。

野党FDPとSPD議員団の四分の一の議員が反対したものの、一九六八年五月の基本法改正は連邦議会において可決されたが、この懸念はまだ現実とはならなかった。そのなかで、非常事態法に関する議論は、西側世界の他の国々と同様に、一九六八年に西ドイツでもヴェトナム戦争によって引き起こされた学生運動の主要な原因となった。フランクフルト、ハイデルベルク、西ベルリンなどで抗議する学生は、新マルクス主義のイデオロギーの影響下で、連邦議会において野党が機能しないなか政府が全権を掌握し、三権分立や憲法に立脚する秩序が不安定になり、新たなファシズムへと向かっているという印象を抱いていた。一九六七年六月のイラン国王訪問反対デモのさなかに、西ベルリン市警の警察官に射殺された学生ベンノ・オーネゾルクの事件は、学生たちのこの気持ちを裏づけるものとなったのである。

一九六八年にピークを迎えた暴動は、西ドイツでは他の理由もあいまって特に過激になっていた。二〇世紀ドイツ史の政治的なゆがみが原因となって、世代間対立は他国よりも激しいものであった。目に見えて豊かになる社会で成長した学生運動世代は、戦争やナチスの独裁について伝聞でしか知らなかった。その世代が大学では、すでに「第三帝国」のときに教授となりナチス支配にどっぷりつかっていた、年配で非常に保守的な教授に向き合うか、あるいは、戦後に大学へ入学し、アメリカやイギリス、フランスへ留学して外国体験を享受し、西ドイツの復興を新しく、よりよい未来へ向かう刺激的な出発として体験した若い大学教員の教えを受けたのである。どちらの場合でも、事実認識、社会イメージ、政治理解は大きく異なっていた。

西ドイツが非常に安定化し、冷戦の緊張が弱まるなかで、ナチスの過去と向き合うことを避けるという内外の忌避感は薄れていった。同時に、西ドイツ創設期にはほとんど見られなかったが、一九五〇年代末以降になると、一連の裁判――特に、一九五八年にウルムでおこなわれた親衛隊行動部隊メンバーに対する裁判、そして、一九六三年にフランクフルトでおこなわれたアウシュヴィッツ裁判――によって、ナチスの犯罪がドイツ人の裁判官や検事により司法の場で再検証された。ナチスの蛮行を公の場で裁くことで、「第三帝国」におけるドイツ人の犯罪の残虐性への意識が高まった。他方では、西ドイツ社会への旧ナチ関係者の統合はほぼ完了していた。結果として、一九六〇年代は、旧ナチ関係者が、専門的な資格かあるいは人脈をたどって西ドイツの官庁、省庁、裁判所で復職した時期となった。

一九三三年にナチ党に加入したキージンガー首相のような人的連続性を目の当たりにし、ナチスの支配体制に関与していない若い世代が執拗に詮索し始めた。キージンガー首相だけでなく、かつて亡命者であった副首相ブラント、旧共産党員であった全ドイツ問題担当大臣ヴェーナー、国防軍将校であった財務大臣シュトラウスが属する大連立内閣が「国を挙げての和解による過去の克服」を打ち出したことを、抗議する学生は到底受け入れられなかった。学生のなかでも急進派は、ファシズムと知的レベルで伝統的につながっている政治家個々人、政治システム全体、市場経済体制の信用を失墜させるために、旧ナチ関係者を大々的に非難した。また、左翼イデオロギー上の結集点となっている反ファシズムが反全体主義に取って代わったので、西ドイツの社会主義勢力は、それに乗じてイデオロギー対立のなかで攻勢に出ようとした。

政治議論の分極化は「一九六八年」の結果の一つであった。当初は学生の要求を好意的に受け入れていた左派リベラルの大学教員は、――無遠慮な中傷や一部では力ずくの攻撃を受け――保守的な姿勢へと転じた。一部は「学問自由同盟」を結成し、大学内での抗議活動に大学教員自らが反対したのである。このようななか「大学の民主化」は共通認識から闘争理念になった。その結果、一九六九年秋のキージンガー政権が終焉した後に政治の現場では新たな対立軸が生じ、SPD・FDP政権と野党CDU／CSUの間で教育政策が争点となったのである。

政府と野党のあいだでのもう一つの争点は福祉国家の拡大であり、一九七二年から七三年にかけてその頂点を迎えた。すでにCDU／CSUやSPDは「社会政策の専門政治家の大連立」になっていた。新政権は国家による社会サービスの提供をさらに拡大した。社会的支援や戦争被害者の扶助は賃金上昇に連動するようになり、健康保険は農業生産者や学生にまで拡大された。また、疾病時にも賃金が支払われるようになり、年金水準が引き上げられ、早期年金支給には手厚い優遇措置がとられたのである。

このような改革は、一九五〇年代と一九六〇年代のすこぶる好調な経済状況に後押しされることで可能になった。このために、この構図が崩れたとたんに、国家債務が大幅に増加した。一九七一年から七二年にかけて、アレックス・メラーとカール・シラーの二人の財務大臣が閣僚による無駄な財政出動に抗議して一年以内に次々と辞任するという事態を引き起こしていた。一九五六年から五七年にかけてすでに始まっていた傾向が先鋭化し、連邦の支出は四割も増加して、はじめて国民総生産を上回ったのである。第一回年金改革と第二回年金改革のあいだの一〇年間とは、社会・文化における平準化、国家予算の増加、創設期の西ドイツの政治秩序の原則からの脱却といった激動の時代であった。

4　外交政策とドイツ政策をめぐる闘争

内政だけではなく、外交政策やドイツ政策をめぐっても政治的な闘争があった。SPDが一九六〇年に西側統合政策を受け入れた後には、CDU／CSUとSPDのあいだよりも、CDU／CSU内部、そして、西ドイツ政府と西側同盟国のあいだで緊張が増大していた。一九五〇年代末以降、CDU／CSUの一部、そして首相も、アメリカが今後どういう方向へいくのか疑念を深めていた。そのようななかで、冷戦開始後に戦勝国四カ国の首脳がはじめて一堂に会した一九五五年のジュネーヴ会議を目の当たりにして、アデナウアーはポツダムの悪夢に取り憑かれていた。それは、一九四五年夏のポツダム会談と同様に、ドイツ人が同席することなくドイツ問題が決定されることへの不安であった。

超大国が核武装や相互核破壊能力を前提としてデタントに向かうことを、アデナウアーは脅威ととらえていた。ケネディ政権の新たな核政策とは、最初の交渉で核攻撃の応酬開始につながるような状況に追い込まれないようにし、東側陣営の攻撃に対して柔軟に対応するという状況にNATOをおくというものであるが、アデナウアーはこの構想を警戒した。西ドイツ政府は、大西洋の向こうにいるアメリカが核兵器の安全性を盾に引きこもり、ドイツと西ヨーロッパが将来的に通常戦争の矢面に立たされることを恐れていたのである。また、ヨーロッパ大陸からアメリカがいずれ撤退する、あるいは、アメリカと西ヨーロッパが安全保障での連携をやめる可能性をこの構想に見出している人も多くいた。

このような不安は、この間に「現代の宗教戦争の様相」を帯びるようになったCDU／CSU内における大西洋主義者とゴーリストの争いに拍車をかけた。エアハルトや外務大臣ゲルハルト・シュレーダーなどの大西洋主義者は、西ドイツの安全保障にとってアメリカとの緊密な連携は不可欠であるという考えに固執していた。つまり、彼らはフランスとの連携がアメリカとの同盟の終わりの始まりであるとみなしたのである。これに対して、アデナウアーやシュトラウスといったゴーリストは、フランス大統領シャルル・ド・ゴールについて、アメリカのデタント政策やドイツの利害が取引の材料にされることに対抗するための必要な盟友とみなしていた。「欧州政治同盟」（EPU）によって経済統合であるEECがカバーする範囲を文化、政治、軍事の領域にまで拡大するという目論見が失敗した後、フランスとの二国間の連携は、ゴーリストにとって決定的な意味を持った。その結果が、一九六三年の独仏協力条約（いわゆるエリゼ条約）であり、これにより両国の政治的な立場を調整するために国家元首と外務大臣・国防大臣が定期的に協議することが定められたのである。

アメリカはこれを西ドイツとフランスによる謀反と感じていた。このために、西ドイツの大西洋主義者はアメリカの不興を買っていると心配し、フランスが独仏協力条約を利用して、西ドイツをアメリカ、イギリス、NATO、世界規模の自由貿易、超国家レベルでの欧州統合を妨害する道具にするかもしれないとも恐れていた。そこで、大西洋主義者は連邦議会においてエリゼ条約に前文を追加させ、そのなかでアメリカとの緊密な協力関係、イギリスの加盟によるＥＣの拡大、ＧＡＴＴを盛り込むことに腐心した。しかし、これによって西側政策の方向性をめぐる闘争は膠着状態に陥った。この膠着状態は全ての関係者の気分を害したものの、西ドイツの外交政策が貫く原則が正しく反映されてもいた。というのも、西ドイツはアメリカとの同盟にも、ヨーロッパでのフランスとの協力関係にも頼らざるをえなかったからである。

東方政策では、東ドイツとの統一やオーデル・ナイセ川以東の旧東部ドイツ領の返還が当面は実現不可能であると、一九五〇年代後半以降明らかになっていた。これは、東ドイツが一九五五年以降に急速に、そして、完全にソ連による同盟体制のなかに組み込まれていったためである。ソ連は、一九五三年のスターリンの死後守勢に回っていたが、一九五〇年代末には攻勢へと転じていた。一九五七年秋には通信衛星の打ち上げにはじめて成功し、これによって、西側では「スプートニク・ショック」と呼ばれる、東側陣営の科学技術力が優位にあるという不安が生じたのである。また、ソ連の新たな最高指導者ニキータ・フルシチョフは、かつてスターリンがベルリン封鎖を実施したのと同様に、西ベルリンの不安定な状態を交渉カードとして利用した。ただし、フルシチョフはスターリンよりも巧妙だった。彼はベルリンを封鎖するのではなく、一九五八年一一月のいわゆるフルシチョフの最後通牒で、東ドイツにベルリンへの通行路を管理させると脅したのである。このときの行動は、一九四八年のようにベルリンに駐留する西側諸国に向けられたものではあったが、当時と違ったのは、ドイツ統一という選択肢を与えるのではなく、ドイツ分断という現状を認めるように西側連合国に求めたことである。

これに対してアデナウアーは、東方政策を緩和する三つの方策を打ち出した。まず彼は、すでに一九五八年三月の時点で駐独ソ連大使にオーストリア方式による東ドイツ問題の解決という案を提示した。これは、オーストリアにならって、東ドイツを軍事的に中立で、政治的には東西同盟の枠外に置く、という方向を目指すものであった。次に、一九五八年末から五九年初頭にかけて、アデナウアーはフルシチョフの最後通牒への対抗措置としたいわゆる「グロプケ計画」のなかで、外交関係の樹立から、民主的な選挙を経て、国家統一についての国民投票までというロードマップによって、数年のうちに段階的に両ドイツ国家が接近することを求めた。最後に、一九六二年にアデナウアーは、現状維持でソ連と西ドイツのあいだの関係を正常化し、ドイツ問題を進展させるために、一〇年間の休戦協定を結ぶという漠然とした提案をおこなった。これら三つの提案全てには、自由な選挙を経て統一を目指したいという西ドイツのドイツ統一政策の核となる要素が込められていた。同時に、どのような形であっても東ドイツ政府と折り合いをつけなければならない、という暗黙の了解も含まれていたのである。

東ドイツからベルリンという「抜け穴」をかいくぐって西側へ逃亡する何十万人もの大量流出を食い止めるために、フルシチョフは西ベルリンを壁で塞ぐということを、SED党首ヴァルター・ウルブリヒトに許可した。これにより、状況は一変したのである。アメリカが、ベルリンのなかでの移動の自由を確保・回復するために何もしなかった時点で、アメリカ政府にとって、ドイツ統一やベルリン全体の自由よりも平和の確保が大事であると、ボンや西ベルリンの指導者は悟った。実際に、フルシチョフが国連管理下での「ベルリン自由都市化」をしばらく要求し続けたにもかかわらず、その後、数カ月間のベルリンをめぐる緊張状態は緩和されたのである。そして、キューバに中距離ミサイルを配備するというソ連の企てが失敗に終わるという、世界が核戦争の恐怖を垣間見た一九六二年一〇月の出来事があったその二カ月後に、ソ連はひっそりと第二次ベルリン危機を終わらせた。

ベルリンの壁の建設によって、全ての政党は東方政策やドイツ政策の方針転換を加速させた。CDUはそれまでの戦略の原則――東ドイツを国家として承認せず、政治的に孤立させるという方針――を放棄せずに、新たな現状に慎重に対応しようとした。アデナウアーが手がけた可能な範囲内での妥協は、エアハルトや外務大臣ゲルハルト・シュレーダーの「行動の政策」において継続された。それは、一九六三年のハンガリー、ポーランド、ルーマニアにおける通商代表部の設置、一九六四年のブルガリアとの通商協定の締結へとつながった。そして、これらの動きは、正常な外交関係を樹立することと、CDU・CSU内部で大部分が支持していたハルシュタイン原則の厳しい遵守との妥協の産物であった。しかし、大連立政権は、一九六七年一月にルーマニアと正式な外交関係を樹立した。これはハルシュタイン原則を破ることを意味し、ここに外交上の柔軟な姿勢を見せたのである。これに対して東側陣営は、東ドイツの孤立を回避するために、東ドイツが西ドイツ政府から国際法上承認されるまではワルシャワ条約機構加盟国は西ドイツとの国交正常化を拒否する、という「ウルブリヒト原則」で対応した。ＣＤＵ／ＣＳＵはそのような状況を想定しておらず、ＳＰＤやＦＤＰが念頭におき始めていた外交方針の転換を受け入れもできずにいたので、大連立政権の東方政策は行き詰まった状態に陥ったのである。

東方政策とドイツ政策における方針転換は、経済・社会政策といった他の分野で隔たりがあったＳＰＤとＦＤＰをつなげる大きな原動力となった。ヴィリー・ブラントの側近エゴン・バールは、オーバーバイエルン地方のトゥーツィングにあるプロテスタント・アカデミーでおこなった演説において、「接近による変化」というスローガンを使った。つまり、東ドイツから西側の脅威への不安を取り除けば、東西ドイツ間の対等性へとつながり、「国境やベルリンの壁に風穴を開ける」ことができると主張したのである。再統一を遠い目標と考えていたＦＤＰ内部でも同様の考えが広がり、西側が東西ドイツの二カ国の存在を承認し、東ドイツの国家主権を正当と認めれば、再統一は実現するとされたのである。このような新たな機運を試す場所はベルリンであった。ベルリンでは、ブラント市長を中心としたＳＰＤ・ＦＤＰによる西ベルリン市参事会（州政府の内閣に相当する）が、通行証協定を東ドイツ政府とのあいだで締結し、一九六三年から六六年にかけて一〇〇万人の西ベルリン市民が東ベルリンの親戚を訪問できるようになっていた。

ＳＰＤ・ＦＤＰ連立政権は、一九六九年一月に国政レベルにおいて一票差でブラント・シェール政権によって実現したが、彼らは東ドイツを国家として国際法上でなく、国法上で承認しようと考えていた。ブラントは所信表明でこの姿勢を打ち出し、「ドイツには二つの国家が存在」し、「互いに外国とは言えない」ために、「特別な手法」で関係を構築すると述べたのであった。ただし、新政権が信頼をつかむために譲歩するという政策をとるためには、東西ドイツ関係の着実な進展と東ドイツにおける生活水準の改善が必要であった。一九六九年一一月に、西ドイツ政府は核拡散防止条約に調印した。これは、東側陣営との関係だけでなく、西側同盟国との関係にも悪影響となっていた障害を取り除くものであった。ちなみに、CDUが率いていた前政権は、東ドイツが参加していたことを理由にこの条約への調印を拒否していたのである。

ブラントやバールにとって「統一へのカギ」はソ連だったため、東側陣営が優位にあるなかで粘り強い交渉が続けられた。同時に、第二次世界大戦の大きな犠牲者であるポーランドも考慮に入れて、ポーランドとの条約に関する交渉も進められた。一九七〇年八月にソ連と、そして、同年一二月にポーランドと締結された二つの条約の内容は似通ったものとなった。双方の条約において、武力不行使やヨーロッパにおける国境の（不可変ではなく）不可侵が謳われたのである。ただし、条約内容の順番は変更されている。ワルシャワ条約では、モスクワ条約とは違い武力放棄ではなく、ポーランドの国民感情に配慮した上で国境問題が先行したのである。

一九七二年一二月、東ドイツとのあいだに基本条約が締結された。また、正常化に向けたあらゆる努力にもかかわらず、西ドイツは他国と同じように東ドイツとは外交関係を樹立しないという特殊なドイツ関係を前提に、ボンと東ベルリンには大使館の代わりに常駐代表部を設置することで合意した。さらに、チェコスロヴァキアとの関係正常化条約（プラハ条約）が一年後に締結されたことで、東側諸国との一連の交渉は終わった。他方これと並行して戦勝国は、一九七〇年から七一年にかけてベルリン四カ国協定の交渉を進めており、これは、基本条約が締結され、連邦議会と連邦参議院で一連の東側諸国との条約が批准されれば発効するものであった。このような二重のしくみにより、どちらかが失敗すれば全てが水の泡となった。また、西ベルリンへのソ連側の譲歩なくして、西ドイツによるポーランドの西部国境や東ドイツの承認はなかったし、ポーランドやソ連との条約批准なくして、西ベルリンへの緩和も許されるものではなかった。さらに、アメリカ、イギリス、フランスは、ベルリンに関する交渉を西ドイツ政府に任せず自分たちでおこない、条約全体に関する拒否権を確保したのである。

西ドイツ国内において、東側との一連の条約は激しい議論を引き起こした。SPDやFDPの多くの議員が新東方政策に対する抗議としてCDUに鞍替えし、その結果、SPDやFDP連立政権は議会の過半数を割り込んだ。こうしてCDU党首、議員団代表であったライナー・バルツェルはブラント首相に対して建設的不信任案を提出するに至ったのである。ただし、驚いたことに、政府が連邦議会で過半数を失っていたにもかかわらず、一九七二年四月、この動議は否決された。これは、数人のCDU／CSU議員が、ブラントに政権維持させることを狙った東ドイツの国家保安省（シュタージ）に買収されていたためであった。この後、バルツェルは、東側との一連の条約に同意するように議員団を説得したが、無駄に終わった。最終的には、大多数の議員が投票を棄権し、数名だけが条約に反対したのである。また、一九七三年七月、バイエルン州政府による法令審査手続きも連邦憲法裁判所に棄却され、基本条約とベルリン四カ国協定は発効した。そして、一九七三年九月、東ドイツと西ドイツは国際連合に同時加盟したのである。

第三章　脅かされる安全――一九七三～八五年

1　世界規模の景気後退

アメリカの庇護下での復興や近代化によって分不相応な成長や繁栄を西ドイツにもたらした長期間にわたる戦後の好景気は、一九七〇年代に終焉を迎えた。西側世界の制御された資本主義による再建や制度の安定は、世界経済から突きつけられた挑戦にその座を明け渡すことになったが、これは、振り返ってみると、後にグローバル化と呼ばれる現象であった。東アジアや東南アジアにおいて新たな立役者が台頭する一方で、これまで盤石であったアメリカの経済的な優位は崩れ去っていった。このような状況がより明確になったのが、アメリカの覇権を支えていた通貨制度が一九七〇年代初頭に崩壊したときであった。

一九六〇年代末以降、ドルはヴェトナム戦争にかかる費用とそれに伴う大幅な財政赤字のために苦境に立たされていた。一九七一年、リチャード・ニクソン大統領は、ドルと金の兌換停止を発表した。しかし、一九四四年にニュー・ハンプシャー州のブレトン・ウッズで定められた固定相場制度は、あくまでもドルと金を交換できることを前提としていたために、ニクソンの決断は世界における従来の通貨制度の終焉をもたらした。つまり、一九七三年三月に西ドイツや他のヨーロッパ諸国が、ドル安に影響された自国通貨の切り下げに対抗できるようにドル基軸通貨体制から離脱したとき、ブレトン・ウッズ体制は名実ともに終わったのである。そして、その終わりによって、為替制度に大きなゆがみが生じていた。ドイツマルクのようにそれまで割を食っていた通貨は引き上げられたので、西ドイツの輸出品は割高に、西ドイツへの輸入品は割安となったのである。

ブレトン・ウッズ体制の維持に必要不可欠であった国際的な資本移動の規制と管理がなくなったため、各国政府は経済・財政政策において新たな行動の余地を得た。これは、第二次世界大戦終結時にアメリカの庇護下で設立されたIMF、世界銀行、GATTのような自由貿易をうながす組織や制度は存続していたものの、一九七〇年代には、国際的な資本移動について大幅な規制緩和が実施されたためである。さらに、世界貿易の自由化もよりいっそう促進されていた。このような動きから、世界経済は変革を迎えていたと言える。

第一次オイル・ショックは、金融市場における世界規模の資本主義の誕生を後押しした。そのきっかけとなったのが第四次中東戦争であった。これは、一九七三年一〇月に、エジプト軍とシリア軍がイスラエルを攻撃したことで開始されたものである。アメリカはイスラエルを支援したが、OPEC

に加盟するアラブ諸国は原油の減産と供給のボイコットで対抗した。この結果、原油価格はわずかのあいだに四倍の一一・六五ドルまで上昇したのである。一九七九年のイラン革命をきっかけとした第二次オイル・ショックでは、一バレルあたり約四〇ドルにまで上昇した。これに伴って、ＯＰＥＣ加盟国の貿易黒字は一九七四年だけでも六〇〇億ドルになり、その収益は増大し、世界中に投資先を求めるようになった。流動性資金の過剰投資が国際金融市場を過熱させ、石油ビジネスに関わる銀行、保険会社、年金基金の拡大をうながし、グローバルな財政・投資市場を出現させたのである。

西ドイツのような石油非産出国である工業国家は輸入に頼るしかなく、そのコストは劇的に高騰した。このために、これらの国はエネルギー消費を効率的におこない、代替エネルギーを開発する必要に迫られた。一九七三年一一月、連邦議会はエネルギー保全法を可決し、エネルギー供給の危機的状況に陥った場合は原油や天然ガスの消費を制限するとした。これに基づいて、一九七三年の晩秋には、四週にわたって日曜日に車の使用を禁止し、一時的な速度制限を設けた。長期的には、代替エネルギーとして原子力が拡充され、これより以前から危機にあった石炭の復興も目指された。しかし、成功は限定的なものであった。懸命に節約して、代替エネルギーを使用したにもかかわらず、西ドイツは、一九七四年だけで、前年よりも石油輸入が六％も減少したが、支出は一七〇億ドイツマルク増加したのである。

原料価格の上昇は、すでに進行していた通貨価値の切り下げに拍車をかけた。第一次オイル・ショックやブレトン・ウッズ体制の終焉以前にすでに、西ドイツの成長率が三％から四％程度であった時点で、インフレ率は五％に跳ね上がっていた。その理由は、ＦＲＢの低金利政策と並行して、ＳＰＤ・ＦＤＰ政権がおこなった社会保障制度への支出増大、さらには労働組合が実現した賃上げであった。一九七三年末までに物価上昇率は七％までになり、一九八〇年代初頭においても六・一％であった。その間の平均値は五％程度であったが、イギリス（一二・六％）やイタリア（一二・一％）、さらには、オランダやアメリカ（それぞれ七％程度）のような国と比較すると、西ドイツはかなり健闘していたと言える。

戦後の復興政策の終わりだけでなく、関税障壁の撤廃や、アメリカ主導の通貨制度による安定した枠組みを欠いたグローバルな資本市場の出現を発端とした経済構造の変化を克服するのは、西ドイツにとってより困難であることが明らかになった。一九七〇年代初頭までは、ドイツマルクの実質的な切り下げや、鉱業や造船業といった国際的に競争力がない産業に補助金を与えることによって、このような変化がもたらす影響を緩和していた。しかし、通貨が自由に変動し、物価上昇率が高くなったとき、このような安全装置が機能しなくなったのである。このために、企業は機械化をさらに進めた。技術革新、具体的にはマイクロエレクトロニクスの成果、コンピュータによる電子情報処理、生産工場のオートメーション化の進歩が、合理化を可能にしたのである。

産業構造の変化は、経済分野に様々な形で、そしてあらゆる規模で影響をもたらした。一九五〇年代の終わりからすでに続いていた西ドイツ重工業の危機はより深刻化していた。建設業では、戦後復興が終わったことから受注の落ち込みが目に見えてはっきりとしていた。光学、機械、自動車といった他の産業は、ますます激化する国際競争にさらされていたが、変化する環境にうまく対応できた場合もあった。にもかかわらず、失業者数は増加していた。一九七四年の失業者数は五八万二〇〇〇人であり、翌年、はじめて一〇〇万人の大台を超えた。一九八〇年代初頭の失業者数は二〇〇万人に達しており、その後も失業率は六％を超える水準で推移していた。その結果、税収は減少し社会保障制度への支出が増え、連邦政府、州政府、地方自治体の財政赤字は増大したのである。このために、連邦政府の負債は、一九七三年に六八四億ドイツマルク、一九八二年には三一四三億ドイツマルクまで膨れ上がった。

2　テロリズムと新しい社会運動

二〇世紀の経済発展を俯瞰すると、戦後景気の終わりは、繁栄、社会的平等、社会の連帯、個人の幸福といったあらゆる見通しを葬り去る「地滑り」とは言えない。むしろ一九七〇年代を緩やかに進む正常化と特徴づけることができ、この時期に西ドイツは他の西側諸国とともに、戦後の復興によって生み出された極めて長い好景気の三〇年間を経て、国家経済の長期的な成長の途についた。西ドイツは二％の成長率に達しており、これは数十年後にはよくやっていたと思われた数字であった。

しかし、当時を生きた人々は、成長をまったく違うふうにとらえていた。彼らは二五年間に及ぶ好景気に慣れきっており、好景気の異常な状態こそが正常であると考えていた。このような期待が幻想だとわかったときに「大きな幻滅」が起こり、一九七〇年代初頭には人々の現在と未来のとらえ方が変わり、その結果、「不安」が頭をもたげるようになった。そして、新たな危機感は、急激な物価上昇、景気後退、構造的な失業への不安から生まれただけでなく、精神性の長期的な変化にも影響を与えたのである。この変化が極端なイデオロギーという最も過激な形で表われたが、これは激しい攻撃と剝き出しの暴力を外に向けたものであった。右翼テロリストは、一九七〇年代から八〇年代初頭にかけて銀行強盗を繰り返し、武器を略奪して外国人の住居を襲撃し、二人が命を落とした。ネオナチの「ホフマン防衛競技集団」はエアランゲンでユダヤ教のラビとその配偶者の殺害に加担しただけでなく、一九八〇年九月にミュンヘンのオクトーバーフェストに爆弾を仕掛け、この事件では一三人が殺害され、二〇〇人以上が負傷したのである――これは、戦後ドイツ史上最も凶悪なテロ事件とされる。

ＲＡＦといった左翼テロリストは、南米をモデルにした共産主義や反帝国主義の都市型ゲリラと自認していた。アンドレアス・バーダーやウルリケ・マインホーフのようなリーダーは、一九七二年夏に起こった一連の殺人、銀行強盗、爆弾テロにより逮捕されたため、「第二世代」は、憎むべき「体制」を象徴する者を標的にさらなるテロを仕掛け、シュトゥットガルト・シュタムハイム刑務所に拘留されているメンバーの釈放を目指した。一九七七年の「ドイツの秋」こそ、テロへの不安が最も高まったときである。ドイツ経営者連盟会長ハンス・マルティン・シュライヤーの誘拐、そして、機長がテロリストに射殺されたルフトハンザ機「ランツフート号」のハイジャックが発生したのである。

このとき、ソマリアの首都モガディシュに投入されたGSG9によって旅客機は解放されたが、シュライヤーは殺害され、シュタムハイムのRAFメンバーは全員自殺を遂げた。このような一連の動きのなかで、RAFによるテロは三四人の犠牲者を出したのである。

左翼テロリストは、テロによってファシスト的で抑圧的な国家の体質を暴くことができるかもしれない、と期待して政府から反応を引き出そうとしていた。これに対して、連邦刑事局（BKA）主導のもとで、殺人犯とその共犯者を探すための大規模な捜査網が敷かれた。また連邦議会は、検察・警察がテロ撲滅を強化する法律を成立させた。例えば、コンピュータによる「ラスター捜査」、あるいは、収監者が共犯者の疑いがある弁護士と接見することを一時的に制限した接触禁止法などであった。ただし、政府や検察・警察は、法が許すギリギリのところまでを突いたが、――テロリストやその同調者が作り上げた伝説にもかかわらず、最後の一線を越えることはなかった。

にもかかわらず、どちらかと言えば左派である人々には、権威主義的な国家が脅迫とみなせるような過度な反応をしたことの方が、テロリストよりも危険であるように思われた。あからさまに、あるいは密かにRAFに共感を抱いていた人は、犯行に及んだ者やその共犯者といった中核の者たちよりも多かった。シュタムハイムの囚人の収監状況を左翼系が「隔離拷問」と騒ぎたて、囚人は自殺ではなく、獄中で殺害されたと意図的に拡散された嘘を、RAFの熱心な支持者以外でも信じる者がいたのである。逆に、保守的な市民は左翼テロリズムが学生運動の当然の帰結であり、西ドイツの政治・社会秩序を揺るがすほどの深刻な影響を与えていると受け止め、RAFやその支持者がもたらした危機的状況に過剰に反応しがちであった。このように、「テロリスト」と「そのシンパ」は、共産主義に代わる敵のイメージになり、外部から、つまり「東側」からではなく、自国民のなかから出現した脅威とされたのである。

実際には、学生運動から左派テロリズムへ流れた分派は、一〇〇〇人から二〇〇〇人ほどしか支持者がおらず、一九六八年の抗議運動の遺産のごく一部にすぎなかった。他方で、一九七〇年代になると学生運動の大部分は、革命を信奉する団体には関心を持たずキンダーラーデン〔自主管理型保育施設のこと〕運動、シェアハウス、女性の家、フェミニスト系出版社、男性の同性愛グループなどのオルタナティヴな活動に集うようになった。一九七〇年代末には、熱心な者は三〇万人から六〇万人（特に若者）、それなりに関わりを持つ者は主に大都市や大学町においておよそ五〇〇万人ほどとされた。一九六八年の運動から生じたエネルギーは社会構造の変化に向けられ、より内向的になっていた。豊かさが増したことで遠距離旅行が可能になり、それは自分探しのきっかけにもなった。さらに、自らの身体にも関心が高まった。フィットネス（「心身のバランスを保とう」）や自然食品による健康な食生活といったものがますます人気を集めた。自己分析や自己実現、また、小さな共同体での安定した暮らしやぬくもりへの欲求が、世界革命への希求に取って代わったのである。

ただし、「古い急進主義」から「新しい感性」への変化は、左翼オルタナティヴの活動を脱政治化させたわけではなかった。新しい女性運動は、一九七一年以降の妊娠中絶に関する刑法第二一八条の撤廃を求めた運動で非常に政治化した。環境保護運動では、早くも一九七五年にバーデンのヴィールにおいて原子力発電所建設反対を訴えた運動が出現した。一九七七年には、三〇万人の西ドイツの人たちが反原発を訴えてデモに参加し、翌年にその数は四〇万人となった。一九七九年のゴアレーベンでの使用済み核燃料再処理施設の建設反対デモ、そして、一九八一年のブロークドルフの原子力発電所の建設反対デモは一部暴徒化したが、それぞれのデモに一〇万人の反原発派が集結したのである。一九七八年二月におこなわれたベルリン工科大学での「何もしない会議」に参加するために、二万人から三万人のシュポンティ（自発的行動派）、いわゆる「都市インディアン」やノンセクト左派が西ベルリンに集結し、様々な政治活動や計画をぶち上げた。例えば、オルタナティヴ系の日刊紙『タッツ』や同性愛者の社会運動としてクリストファー・ストリート解放記念日を導入するなどである。また、西ベルリンやハンブルクが中心となった一九八〇年代初頭の家屋占拠も、同じく政治化していた。穏健派は空き家に抗議するだけだったが、急進派はいわゆる住宅闘争を都市や社会の現状を批判する活動の手段とみなしていた。

一九八〇年代初期には、とりわけＮＡＴＯの二重決定に抗議する動きがあった。軍備増強に反対する大規模なデモへの参加者は、一九八一年から八三年にかけて年々増加した。一九八一年には三〇万人、一九八二年には四〇万人、一九八三年には五〇万人が参加し、デモ参加者はボン中心部の大学前広場やその少し南にあるラインアウエ公園に集まった。巡航ミサイルやパーシングⅡ（中距離弾道ミサイル）の西ドイツへの配備に抗議するデモは、西ドイツ史において最大規模の抗議運動へと発展した。原子力の平和利用と軍事目的での使用は表裏一体の関係であると考えられたために、核兵器への批判は環境保護運動や平和運動とも結びついていた。また、平和運動の一部に東ドイツから資金が流れていたことにより、このような抗議運動は確固たる社会基盤を持っていただけでなく、この活動には、極左や共産主義のグループから教会系（プロテスタントもカトリックも含む）のグループ、そして、自由主義や保守主義の市民層までもが参加していた。あくまでも活動勢力の中心は、左翼オルタナティヴにあったが、次第にＳＰＤの左派にも広がっていった。

ナチスの過去が西ドイツ社会のアイデンティティに与える意義は、時間が経っても風化しなかった。一九七〇年代にナチ政権に深く関与した最後の世代が現役を引退して以降、若者世代は「第三帝国」のなにもかもが自分たちとは関係ないという態度をとり、内心ではナチ不法の犠牲者の側に立つのが容易になっていった。そのようななかで、世間の認識が大きく変わるきっかけとなったのが、一九七九年のアメリカのテレビドラマ『ホロコースト』がドイツで放映されたことである。このドラマこそが、はじめて世論にヨーロッパのユダヤ人の絶滅を個人の運命として語り、ドイツ人の蛮行というものを具体的に明らかにしたのである。

人々は戦後初期においてドイツの残虐行為について頑なに沈黙し、犠牲者の苦しみに無感覚であったために、加害者の苦悩を理解したり、罪の度合いを判別することもできなくなっていた。ただし、ナチ政権における行為について明確に謝罪していないものは、政治的に受け入れられる余地はなかった。バーデン＝ヴュルテンベルク州首相ハンス・フィルビンガーがその一例である。というのも、彼は戦争末期に軍法会議での死刑判決に関与していたが、そのことを認めようとしなかった。結果、彼は一九七八年に辞任を余儀なくされた。同時に、ナチズムは恐ろしい不安を暗示するキーワードになっていった。例えば、原子力発電所は「昨日はガス室、今日は原子力国家」というスローガンで批判され、酸性雨の議論では「森のホロコースト」と語られ、アメリカの中距離ミサイル配備に反対するデモ隊は「パーシングを配備すれば自由になる」（ユダヤ人強制収容所に掲げられた標語「働けば自由になる」にちなんだもの）というプラカードを掲げて抗議したのである。

3　国民政党の絶頂期

あらゆる不安定さが露呈した時代に、西ドイツの人々は、CDU／CSUやSPDなど信用がおける政治勢力を支持したために、一九七〇年代は、中道左派と中道右派の二大政党の成功の絶頂となった。一九七二年から八三年までの四回にわたる連邦議会選挙において投票率はほぼ九〇％に達しており、二大政党で毎回九〇％の票を獲得していた。これはドイツ連邦共和国史上において、後にも先にも例を見なかったことである。CDUは、ヘルムート・コール新党首、幹事長を務めたクルト・ビーデンコプフやハイナー・ガイスラーのもとで、首相の支持団体を支える市民の名望家政党から、七〇万人以上の党員を擁し拡充された党員組織を備える、組織化された国民政党へと変貌を遂げていた。また、党員や活発な活動家の数で常にCDU／CSUを上回るSPDも、一九六九年以降、「国民政党への転換」に成功し、学生運動の支持者や中間層から一〇万人の新規党員を獲得し、一九七〇年代中頃には党員数が一〇〇万人の大台に達していた。

そして、理想家肌でカリスマ政治家であったヴィリー・ブラントを継いで、現実主義者のヘルムート・シュミットが首相となった。彼はそれまで国防大臣、議員団団長、経済・財政特命大臣を歴任するなど豊富な経験を積んでいた。政権トップの交代は、単なる人事ではなかった。政権交代に伴って、新首相が実施する政治の内容や表現での軌道修正が必要とされた。シュミットはブラントのように政治参加や改革（「もっと民主主義を！」）に重きを置く気はまったくなく、経済、社会、内政、外交上の安定を最優先しようとした。このために首相周辺の顔ぶれも変わった。例えば、エゴン・バール、ホルスト・エームケ、クラウス・フォン・ドホナーニ、ギュンター・ガウスといった知性派は内閣や首相府から一掃され、ハンス・アーペルやマンフレッド・シューラーに代表されるような、労働組合と近いテクノクラートや権謀術数に長けた者たちが登用された。彼らは事実に即して政治を理解するシュミット新首相と気心が知れていたのである。

シュミット首相は、夢見心地で未来を目指した前任者よりも、政治が危機管理と連帯を必要とする時代には適任の人物であった。数年間首相府秘書官として勤務し、一九七四年四月に東ドイツの国家保安省のスパイ容疑で逮捕されたギュンター・ギョームの事件で、ブラントは辞任を余儀なくされた。だが、ブラントの挫折はどちらかというと時代の新たな課題に順応できなかったからだとも言える。シュミット首相は、一九七〇年代の経済危機のさなか経済に精通したやり手として登場し、他の西側諸国の首脳に比べると、どんな困難に直面しても国家を経済的な混乱からうまく救い出す能力があった。また、RAFとの対決では、シュミットはGSG9による「ランツフート号」の襲撃を指令し、拘留されたテロリストと誘拐されたドイツ経営者連盟会長の交換を拒否した経験を経て、妥協はしないが過激な措置もとらない、という方針で臨んだ。だからこそ、死刑制度を再導入し、テロ行為への報復として収監したテロリストを銃殺すべき、といった声に屈することもなかった。

ゴーデスベルク綱領によるSPDの路線変更以降、西ドイツの内政・外交において柔軟性を持ったコンセンサスが存在していた。これには西側統合や連邦軍だけでなく、市場経済や基本法の内容も含まれていたが、二大政党の政治姿勢にはあくまでもはっきりとした違いがあった。学生運動や新東方外交をめぐる感情的な議論が繰り広げられた後に、一九七〇年代初頭以降、政治姿勢の二極化が再び先鋭化し、その結果、両陣営に有権者や党員が流れ込んだ。例えば、経済・財政政策について、野党CDU／CSUは、独自の具体的な緊縮財政策を示すことはなかったが、増加の一途をたどる財政赤字を批判した。このやり方についてフランツ・ヨーゼフ・シュトラウスは、「倒産寸前の企業に支援の手を差し伸べる」ような馬鹿げたものと述べた。また、中絶問題では、CDU／CSUはSPD・FDP連立政権が頑なに主張した一二週までの中絶自由化法案に反対した。これは、医師による中絶は妊娠三カ月まで罰則の対象とはならないというものであった。しかし、CDU／CSUが異議を唱えて訴えたことにより連邦憲法裁判所はこの政府案を棄却し、最終的には、医学的、倫理学的、優生学的な観点に基づいて中絶が認められるといった、いわゆる適応規制モデルが法制化されたのである。

CDU／CSUの厳しい反対運動は仇にはならなかった。CDU／CSUはこの一〇年間、多くの州議会選挙で勝利を収めていた。ただし、CDU／CSUが連邦政府においてどのように政権奪還をもくろんでいるのかはいまだに不明瞭であった。CSUは対決路線を望み、バーデン＝ヴュルテンベルク州のハンス・フィルビンガー、ニーダーザクセン州のエルンスト・アルブレヒトと連携してバイエルン州のように絶対的多数の獲得を目標としていた。これに対して、CDU指導部の多くは、連邦レベルでこれを実現するのは不可能だとしていた。そこで、党首ヘルムート・コールは、対極にある政治姿勢でSPDを圧倒し、FDPの逃げ場を失わせるよりも、特に経済政策において利害の矛盾が生じることなく、共通の理念を持つFDPを中期的には連立パートナーとして味方につけることを目指したのである。

一九七六年の連邦議会選挙において、四八・六％という史上二番目の得票結果を収めたにもかかわらず、CDU／CSUは絶対的多数の獲得にも、FDPとの連携にも失敗していた。さらに、CDU／CSU内部で対立が先鋭化し、CSUは、保守的な姿勢を示す第四政党として連邦レベルで活動することを目指して、連邦議会におけるCDUとの連携を一時的に解消した。CDUはこれに対抗してCSUの本拠地バイエルン州への進出を匂わせたため、CSUは引き下がった。この内部対立は、一九八〇年にシュトラウスの首相候補擁立が失敗し、コールに近いハンス・ディートリッヒ・ゲンシャー率いるFDPが、一九八二年に再び大きく左傾化したSPDと袂を分かったときに終わった。CSUがCDUよりもさらに保守的に連邦レベルでの第四政党として活動するという考えは、これでけりがついたのである。

その代わりに、政治的左派となる第四政党が誕生した。この政党の求心力は、核武装、そして、エネルギー調達のために核エネルギーを民間利用することに対する二重の恐怖であった。環境保護運動や平和運動の勢力を後ろ盾にして、「多色のリスト」や「オルタナティヴ・リスト」は、一九七〇年代末にシュレスヴィヒ＝ホルシュタイン州、ハンブルク、ヘッセン州、西ベルリンの地方自治体選挙や州議会選挙で議席を獲得した。また、一九七九年の第一回欧州議会選挙においても、三・二％という支持を得たのである。そして一九八〇年一月、カールスルーエにおいて正式に政党として立ち上げられた。

一九八三年、緑の党は二八議席を獲得して初の連邦議会進出を果たした。そのマニフェストにおいて、議会主義や既存の政党に対してエコロジー、非暴力、女性解放、社会的公正、そしてなによりも底辺民主主義という対抗軸を強く打ち出し、それまで慣れ親しまれてきた西ドイツの代表民主制へ大きな不信感を突きつけたのである。当初、緑の党には、学生運動から派生したKグループの古参者から保守的な市民層に至るまで多様な世界観を示す運動勢力が結集していた。しかしまもなく、左翼的な潮流が強まったために、かつてCDUに所属していたヘルベルト・グルールのような保守派が排除されたのである。これ以降、エコロジー的で社会主義的な原理主義者と現実路線の改革派のあいだでの党内対立が続いた。

緑の党が明らかに左派に位置する抵抗政党となったので、SPDはジレンマに直面していた。一九八〇年の連邦議会選挙から勢力拡大したSPD左派には、元経済協力大臣エアハルト・エップラーなど緑の党との連携を支持するものも多くいた。また、ヴィリー・ブラントのような中道派でさえも、彼の首相在職期間にＳＰＤに取り込んだ左派の若者をつなぎ止めたいがために、緑の党との連携を模索するようになっていた。これに対して、シュミットや組合系の党員は緑の党を明らかに敵視していた。その理由とは左派オルタナティヴの抗議スタイルや伝統にとらわれない姿勢に馴染めないという点であり、さらには、環境保護運動や平和運動を受け入れると、労働者がＳＰＤを敬遠するようになるのではないか、という懸念であった。

ＳＰＤは経済問題（外交政策でも）において次第に左傾化していたために、連立パートナーであるＦＤＰは供給重視のリベラル経済へ舵を切った。ＦＤＰで自由主義市場経済を支持する先駆的な存在であるオットー・グラーフ・ラムズドルフは、一九七七年以降自ら経済大臣として入閣していた連立政権の政策を批判した。ラムズドルフ・ペーパーとして知られるようになった一九八二年九月の覚書は、「ＳＰＤ・ＦＤＰ連立政権時代における経済政策の破綻宣告」であり、実際にこの連立政権の終わりを意味するものとなった。連立は正式には一九八二年一〇月一日に解消された。このとき、ＦＤＰはシュミットに対する建設的不信任案に賛成し、ＣＤＵ／ＣＳＵの対立候補ヘルムート・コールを支持したのである。

ＣＤＵ／ＣＳＵ・ＦＤＰ連立政権への移行に伴い、経済政策、特に国家財政の強化に重点が置かれることになった。政府は、自由主義的な経済改革の国際的な潮流に乗り、インフレとの闘い、国家介入の抑制、市場の規制緩和、国営企業の民営化を目指した。ただし、西ドイツはこの潮流のなかでアメリカやイギリスと比較しても後発の存在で、決してトップランナーではなかった。これは、西ドイツのコンセンサス・デモクラシーの狭い制度上の枠組みや、有権者が社会福祉を重視する政党としてCDU／CSUを支持していたことも関係していた。また、コールによって喧伝された「精神的、道徳的な転換」は、反対派からも反動的な逆行、あるいは新保守革命と忌み嫌われていたが、実現することはなかった。つまり、政権交代にもかかわらずあらゆる政策の領域において連続性が見られたのである。

4　国際協調と冷戦の激化

新東方政策のなかで、西ドイツはソ連の勢力圏にある諸国と外交関係を樹立し、一九七三年には東ドイツとともに国際連合に同時加盟したことで、外交政策上の行動範囲を拡大させた。一九七〇年代の世界経済の混乱によるインフレ、失業、経済成長の鈍化に対して、国際的に比較してもかなりうまく対応している西ドイツのような経済的に大きな影響力を持つ国は、その重要性が増すことになった。ますます互いに結びつきを強める西側先進国の経済が、世界規模のエネルギー危機や通貨変動のような新たな課題にうまく備えるために、西ドイツの経済力を基盤とした国際協調のしくみを構築し、シュミットは「経済の専門家」の名声を得たのである。

シュミット首相はフランス大統領ヴァレリー・ジスカール・デスタンとともに、当初は六カ国、後には七カ国の主要経済国（西ドイツとフランスに加えて、イギリス、イタリア、日本、アメリカ、一九七六年以降はカナダも参加）による先進国首脳会議の定期開催を推し進め、第一回会合は一九七五年一一月にパリ郊外のランブイエ城で開催された。また、各国政府と国際的な世界通貨組織が経済政策上で協調をおこなったので、ＩＭＦや世界銀行の年次総会はより重要な意味を持った。さらにＥＥＣにおいては、一九七四年に組織化された加盟国首脳による欧州理事会といった新たな調整機関が誕生し、これがＥＣの最高決定機関となり、その後の欧州政策の指針を決定したのである。

同時に、ブレトン・ウッズ体制の終焉以降、活発な貿易でＥＥＣに緊密に組み込まれた加盟国にとって、不安定な為替レートの変動にどのように対応するかという問題が生じていた。一九七〇年に明らかになった（ルクセンブルク首相ピエール・ウェルナーの名にちなんだ）計画は、一九八〇年までに経済・通貨統合を段階的に実現することを目指していたが、この時点では計画段階に留まっていた。それが、スネーク制度によって、ＥＣ加盟国は一九七二年に為替同盟を結成し、加盟国の為替レートの変動をわずかな幅に抑えるという方法で各通貨を連携させたのである。この制度は混乱を招きやすく、すぐに確かな連携を求めて議論が再燃したが、最終的には、一九七九年にＥＭＳが設立され、加盟国の通貨間で為替相場の変動幅を決めた。そのなかで、ドイツマルクは新たな基軸通貨となり、ドイツ連邦銀行はヨーロッパの通貨・金融政策の中心的存在となった。つまり、ＥＥＣにとって一九七〇年代は、停滞と「ユーロ硬化症」だけではなく、刷新の兆しが見えた時期でもあった。このような革新的な動きのなかで、一九七九年には第一回欧州議会選挙が実施されたのである。

東方政策やドイツ政策については、一九七〇年代初頭に画期的な条約が締結された後、困難な条件のもとでも継続が見られた。一九七五年八月のCSCEにおけるヘルシンキ宣言への署名によって、ソ連は二つの重要な目標を達成していた。一つは、ヨーロッパにおける領土保全が多国間で承認されたこと、もう一つは、西側諸国がソ連と経済・科学技術の分野で協力するように義務づけられたことであった。ただし、ヘルシンキ宣言の第三バスケットには、人道的な分野での協力や個人の権利の尊重も盛り込まれており、ソ連側はこの宣言がもたらす不都合な副作用を甘んじて受け入れたのである。

ヘルシンキ宣言以降、東西ドイツ関係は停滞し、米ソ間の雰囲気も悪化していた。一九七九年のクリスマスにソ連がアフガニスタンに侵攻したことで、デタントの時代は終わりを告げ、冷戦は新たな局面に突入した。東ドイツは西側からの経済支援には関心があるが、政治レベルでの歩み寄りに関心がないことが明確になるなかで、どのように東西ドイツ関係や人道支援を超大国の対立から切り離すことができるかという問題が西ドイツでは浮上していた。そのためにも、一九七二年の基本条約を補完しようとしたが、その後の交渉は行き詰まっていた。東ドイツはあくまでも「最大限の要求」を主張したが、西ドイツは大幅な譲歩をするつもりもなかったので、国籍や西ベルリンの現状維持などの重要な問題が残されたままであった。

安全保障政策において、西ヨーロッパとアメリカのあいだに「ギャップ」が生じる可能性があることに、シュミットは他の国よりもいち早く気づいていた。アメリカにとって重要な大陸間弾道ミサイルに関する交渉（第二次戦略兵器制限交渉、ＳＡＬＴⅡ）が進展する一方で、ヨーロッパの安全保障に関係する中距離核ミサイルの軍縮交渉は手つかずであった。その上、通常兵器で圧倒的な優位にあったソ連は、中距離核ミサイルSS20を配備し始めており、一九七七年一〇月にシュミットは、東西両陣営の軍縮がヨーロッパにおける通常兵力の均衡をもたらさない場合、西側は軍備増強に取り組まなければならない、と主張した。この西側同盟国との困難な交渉が、一九七九年一二月のNATOの二重決定へとつながった。つまり、NATOはパーシングⅡミサイルと巡航ミサイル・トマホークの配備を発表し、それと並行して、米ソ間で鉄のカーテンの東西に配備された中距離核ミサイルの制限交渉をおこなうことを提案したのである。シュミットはSPD内部での激しい抵抗でこのNATOの二重決定への支持を得ることができず、SPDから疎外され首相を辞任した。そして、一九八三年一一月、コールは連邦議会において、平和運動の大規模な抗議にもかかわらず、軍備増強決議を通過させたのである。

コールはアデナウアーの外交・安全保障政策を継承した。回顧録において、コールは軍備増強の実現を「同盟の勝利」と表現し、西側統合の道を放棄してはいけないと主張していた。だからと言って、東方政策やドイツ政策において、一部の人が恐れ、他の人が期待をしていた方向転換は生じなかった。CDU／CSUの大多数は連邦議会において基本条約に反対票を投じ、CSCEのヘルシンキ宣言を拒否していたが、一九八二年以降のCDU／CSU・FDP連立政権は、SPD・FDP前政権の基本理念を踏襲していた。既存の東西ドイツ対立を示唆する論調の激しさにより議論の重心が移動したが、将来的な目標としての国家統一は堅持することとなった。「公に示されている距離感や批判、そして、現実の対話や協力への用意というもののあいだにある矛盾」が明らかになったのは、一九八三年にいわゆる東ドイツへの一〇億ドイツマルクの借款の提供であった（実際に、これは政府からの借款ではなく、政府が保証した銀行借款であった）。ちなみに、フランツ・ヨーゼフ・シュトラウスは、この新たな東方政策を激しく批判した急先鋒であったが、その彼が裏で糸を引いていたのである。

第四章　転換と固執――一九八五〜九九年

1　新しい欧州

一九八五年から二〇〇〇年にかけて、ドイツという国家のつくりは根本から作り変えられた。ヨーロッパでは、一九八〇年代半ばまでにイギリス、デンマーク、アイルランドなど北方へのＥＣ拡大がおこなわれ、次にギリシア、ポルトガル、スペインなど南方へ拡大された。これにより、国境の警備から競争法、製品の標準化、共通通貨に至るまで、より多くの権限がＥＣに移され、統合がより深化することとなった。東西陣営の雪解けは、ヨーロッパ人による独自の取り組みの余地を広げ、一九七九年から八〇年にかけて本格化した第二次オイル・ショックの克服で世界経済が上向きになったこともヨーロッパにとって追い風となった。

ここで指摘しておきたいのは、西ドイツのコール首相とフランスのミッテラン大統領、そして一九八五年に欧州委員会委員長に就任したジャック・ドロール（元フランス経済・財務大臣）の連携が決定的要素であったことだ。三人は、自国の利害を追っていただけではなく、第二次世界大戦のそれぞれの経験から、ヨーロッパ統合を平和のためのプロジェクトと考えていた。一九八〇年代後半、コール首相は長期的な到達目標として一種の欧州連邦国家を構想していた。それは共通の外交・安全保障政策、欧州議会による意思決定制度を持ち、そして国家レベルでしか存在しなかった連帯感や一体感をヨーロッパ規模で実現することに支えられるべきものであった。欧州の政治家のなかで、マーガレット・サッチャー英首相はコール首相とこの点で根本的に異なっていた。彼女は、ＥＥＣにおける経済関係の活性化を主張したが、それ以上の政治統合を目指すことは拒否していたのである。

突破口となるかに見えたのは、ローマ条約に定められた関税同盟では温存されていた製品規格や輸入割当などの非関税貿易障壁、これを撤廃することであった。それはＥＣを自由貿易地域と考えるイギリスの意図に合致するものであった。さらにこれはドイツのような輸出主導型の国の利益にも適っていたし、一九八三年にミッテラン大統領が社会主義経済政策を放棄してから、経済の近代化と自由化を避けて通ることはできないというフランスの考え方とも調和を見出せたのである。いわゆる域内市場が完成したことで、欧州統合はもはやフランスとドイツが専権的に決められることではなくなった。ドイツの伝統的な連邦制や、フランスの官僚・行政による統制的な発想がある一方、アングロサクソンの地域で生まれた経済における競争原理や規制緩和の考え方もあったからである。

欧州統合の深化と、東西ドイツ統一を将来の目標としたコール政権の固い決意がどう関連するのかは、誰にもわからなかった。一九八〇年代半ば、ドイツ近隣諸国の外交官は、西ドイツが東方政策と西側統合をどう両立させるのか疑問に感じることも稀ではなかった。東欧・中欧におけるソ連支配や東ドイツ政権の確固たる地位が続く限り、東西ドイツ統一と欧州統合という西ドイツ国家の二重の存在意義に緊張をもたらす様々な要素も、机上の空論にすぎないままであった。それが現実のものとなったのは、グラスノスチとペレストロイカというソ連の内部改革が始まってからである。ゴルバチョフはこの改革に断固として臨んだが、それはそもそもマルクス・レーニン主義に基づいた社会主義を救い出すためであった。結局はこの改革が東欧・中欧に君臨するソ連の帝国、そして後にはソ連そのものを蝕んでいったのである。非効率な計画経済、硬直したイデオロギー、ハイテク技術における遅れなど、ソ連の内部構造が抱える問題は、西側諸国の政策ともあいまって、このような傾向に拍車をかけた。一九八〇年代初め、アメリカのロナルド・レーガン大統領は、大陸間弾道ミサイルに対する防衛圏計画（「戦略防衛構想」＝ＳＤＩ）を構築し始めており、軍拡競争は宇宙にまで及んだ。その結果、一九八七年に中距離核戦力全廃条約（ＩＮＦ条約）が締結され、ヨーロッパに配備されている射程距離五〇〇～五五〇〇キロメートルの中距離ミサイルを全て廃棄することとなった。それまでの第二次戦略兵器制限条約（ＳＡＬＴⅡ条約）のような軍備増強の制限を目的とした協定とは対照的に、ＩＮＦ条約の「ダブルゼロ＝オプション」（ソ連がヨーロッパに配備したミサイルを撤去すればアメリカも同様に撤去する、というのがゼロ＝オプション。ソ連はさらに短距離、長距離双方のミサイル撤去を提案し、これがダブルゼロ＝オプションと呼ばれた）は、核兵器の削減に貢献したのである。

西ドイツでは、このデタント政策が脅威と受け止められた。安全保障の専門家は、中距離兵器の廃止によりアメリカ軍がヨーロッパから即時撤退するのではないか、とか通常兵器において優るソ連に有利なだけではないか、といった問題提起をした。一九五〇年代と同じく「ポツダムの悪夢」という言葉が広まったが、それは第二次世界大戦直後と異なり、核兵器を持たない西ドイツの利害を無視して、超大国間で軍縮が合意されるというおぞましい構図を意味した。さらに、西ドイツ国内に配備された射程距離五〇〇キロメートルの短距離ミサイルが原因で、西ドイツと同盟国とのあいだにいっそう緊張が生じた。戦車、大砲、兵士で優るソ連に対抗するために、アメリカはこのミサイル配備にこだわった。西ドイツ政府は、短距離ミサイルの犠牲になるのは鉄のカーテンの東西を問わずドイツ人のみである、という事実に過敏に反応した国民をなだめるために、「トリプルゼロ＝オプション」に注力したのである。

一九八九年、ソ連の東欧・中欧支配は、独裁政権に抵抗する人民の反乱により数カ月のうちに崩壊し、この軍縮問題も消え去った。同年秋、東ドイツでは「月曜デモ」がおこなわれ、毎週何十万人もの人が街に繰り出した。東ドイツ指導部は、これを抑圧しようとした。だが、抵抗が一向に収束しなかったため、一転して、一般民衆が政治へ関与することを認め、国境にある警備施設の解体の要求に応じるなどの妥協を見せたのである。これは東ドイツ指導部が自分で自分の首を絞めることを意味した。一九九一年にワルシャワ条約機構が解体され、一九九四年には東ドイツに駐留していた五〇万人以上のソ連軍兵士と軍属が帰国した。一九九〇年一〇月三日、ドイツ民主共和国は基本法第二三条により連邦共和国に編入された。NATOは旧東ドイツ地域に軍を駐留させないと約束したが、統一ドイツはNATOにとどまり続けた。

ヨーロッパの地政学上の革命である両ドイツの統一が平和裏に、そして米ソのあいだで大筋合意の上で実現した理由には、二プラス四会議の枠組みのなかでのコール首相とゲンシャー外相のたくみな交渉術とタイミングに恵まれたこと、そして国際情勢が大きく味方したことが関係している。ブッシュ政権は、ドイツをヨーロッパで最も重要な同盟国と位置づけていた。また、ドイツ人が軍縮の議論で見せたNATOへの忠誠心は本物であると確信したため、ドイツ分断の克服をポスト冷戦時代の新しい国際秩序の礎石とした。ソ連ではゴルバチョフの力が弱体化しており、自らの内部改革の実行に不可欠な西側との協力関係を失うというリスクを冒してまで、ドイツ統一に反対できる状況になかった。だが、ゴルバチョフには自国内の強硬派を抑え込むだけの余力はあった。二つの独ソ間の条約と一五〇億ドイツマルクの支援金によって、旧東ドイツからのソ連軍の撤退をドイツ政府が支援したことは、ゴルバチョフの力の源となったのである。ソ連がドイツ統一反対をやめたことにより、統一へ疑いの目を向けていたフランスやイギリスは、ドイツやアメリカに対抗する術を失ってしまった。

コール首相は、「ドイツ統一と欧州統合は表裏一体である」というスローガンで統一されたドイツ国民国家の存在を、近隣諸国に認めさせようとした。ただしこれが確約されたところで、いったいそれが具体的に何を意味するのかは当初あまり明確ではなく、せいぜい統一ドイツ人が「良きヨーロッパ人」だと証明する確固たる意志がある、くらいであった。そのため、一九九〇年以降のドイツ外交政策とは、様々なことを学ぶ困難な過程となった。そこでは、東西分断期のドイツ連邦共和国の国家理性の原則のうち、新しい環境でどれが有効であり、どれが時代遅れなのか、という疑問が繰り返された。世界とドイツが東西に分断されていた時代は過去のものとなったが、それは思考に影響を与え続けた。特に東ヨーロッパや中央ヨーロッパで行動や影響力の選択肢の拡大が見られたが、同時に新たな問題も出てきた。とりわけ、新しい自意識と「権力に対する畏れ」のはざまでドイツの自己実現がゆらいでいたため、ドイツ政府がこのような状況で自分の進むべき道を見つけることは、より困難であった。NATO加盟国やドイツの近隣諸国のなかでは、対ドイツイメージが極端に揺れ動いていた。ドイツ統一の過程で「第四帝国」を懸念する声が繰り返された一方、一九九一年の湾岸戦争で、ドイツ政府がペルシア湾への派兵を見合わせ、物的支援および費用負担にとどまったことには、責任放棄だという非難が向けられたのである。

旧ユーゴスラヴィア紛争への対応では、共通の敵を打倒した後に同盟国間の相違が明確になり、それまで葬り去られたと考えられてきた歴史認識が露見した。ゲンシャー外相がスロヴェニアとクロアチアの独立を可能な限り速やかに承認するよう迫ったとき、英仏は、ドイツの態度が道徳的・人道的配慮だけではなく、第一次世界大戦以前にドイツ人が抱いていたクロアチアへの好感や、第二次世界大戦の際にクロアチアが枢軸国へ加勢していたことにも関連しているのではないか、という疑念を抱いた。セルビア人の残虐行為に声高に抗議しながら、政治的にはやる気が見えず、憲法の制限が足かせとなる、とか軍事面では何も貢献できない、とドイツ人が主張する矛盾を英仏は不快に感じていた。

バルカン半島ではドイツ外交のそれまでのやり口では解決不可能な問題が露見していたのである。

2　東西対立を超えた経済と通貨

一九八九年から九一年にかけた冷戦の終結は、欧州統合の活性化と並行していた。欧州統合の過程が加速し、緊密になっていくことは、域内市場の完成と単一通貨の導入への合意に見て取れる。地政学的な欧州の再編と欧州統合という二つが密接に絡み合っていたため、ユーロが東西ドイツ統一のために余儀なくされた代償だと、各方面から指摘を受けた。しかし、この短絡的な考えは一種の伝説にすぎない。一九八八年頃、ゲンシャー外相は独自の通貨統合計画をあたためていた。コール首相は当初躊躇していたものの、東ドイツの平和革命が始まる前にはこの計画をすっかり理解していた。しかし、ユーロは、その出生に至る経緯がベルリンの壁の崩壊と絡み合ったため、性急に、そしてあのような形で生まれることになったのである。ドイツ連邦銀行、財務省、経済省、さらには外務省や首相官邸にもユーロへの抵抗勢力がおり、彼らはユーロ導入を永遠に先延ばしするための時間稼ぎをしようとしていた。東欧革命の激動は、時間的なプレッシャーを増大させた。ドイツ政府は「ヨーロッパ」への積極的関与を証明する必要に迫られ、フランス外交筋は通貨統合への道程表を貫徹するための手段を手に入れたのである。

欧州単一通貨は、独仏の相互理解を深めること、ドイツをヨーロッパの枠内に封じ込めること、為替リスクを最小限に抑えること、世界の基軸通貨である米ドルに対抗できるヨーロッパになること、という四つの戦略的意図に基づいていた。一九七〇年代には不調に終わった欧州単一通貨の実現が、一九八八年から九二年にかけてその突破口を開くことができたのは、コール首相とミッテラン大統領が通貨に関する現実的な問題を考慮せず、専門家の反対を押し切る形で計画を貫徹したためである。その頃、ドルの為替レートが大きく変動したことが彼らの追い風となった。一九八〇年代前半は急激なドル高、その後急激にドル安に振れ、そして一九九〇・九一年にアメリカの不景気で最安値を更新した。

とりわけドル安は国際的な投資先の一つとなっていたドイツマルクへ影響を与えた。ドルが下落すればドイツマルクが上昇し、ＥＭＳに連なる他の通貨にも影響を与えた。フランス銀行は、一九八三年以降フランス経済政策を再建するにあたり、フラン安定をもくろんでドイツマルクとペッグさせたため、ドイツやフランスからの輸出品価格は割高となった。フランスはドイツの金融政策に影響を与えることもできないまま大きく依存していたため、その欧州政策は、ドイツマルクの単一通貨への組み込みを一貫して追求すべき目標とした。だがこれにより、ミッテランやシラク、サルコジは大きな社会面・経済面でのツケを払わされることとなった。そのうちで最も象徴的だったのは、一九九二年から九三年にかけフランスフランをＥＭＳに残留させるために、フランス銀行による大幅な介入と厳しい切り下げを余儀なくされたことである。

政治の影響から自由な立場で、物価安定だけを任務とし、景気対策や労働市場政策など他の任務には関わらない、独立した中央銀行という考え方は、ドイツ以外でも、とりわけフランスやイギリスで支持されていた。一九九〇年代に欧州中央銀行（ＥＣＢ）がドイツをモデルに設計されたのがその証拠である。これによりコール首相は、ユーロに不信感を抱いていたドイツ国民や懐疑的なドイツ連邦銀行の関係者に対して、ドイツマルクと同じように安定した通貨として成功するであろう、という説得材料を得た。加えて、世界経済の動向も追い風となった。一九九五年以降はドル高となり、これがマルク安、ひいてはドイツの輸出を後押しして、ドイツ連邦銀行は金利引き下げを実施できた。アメリカのビル・クリントン大統領の二期目にドル高が進行したことにより、欧州通貨同盟は事実上命拾いをした。アメリカの金融政策が持つ影響力からヨーロッパの自立性を保とうとする企てが、このような形で救われたのは非常に皮肉な結果であったと言わざるをえない。

ドイツ経済が比較的堅調の状態であったため、一九九一年から九五年のあいだだけで六一五〇億ドイツマルクにまで達した東西ドイツ統一への追加支出と、欧州統合を強化するための支出（ドイツは一貫して最大の拠出金負担国だった）はなんとか負担可能であった。ドイツ企業は構造改革を進め、生産性向上を達成した。ＧＤＰに占める政府支出の割合は、一九八〇年代初頭に四八％だったものが、一九九〇年頃には四四・五％にまで低下した。一九八二・八三年には二〇〇万人を超えていた失業者数も一八〇万人に漸減した。これは、世界経済の景気循環や原料価格の下落に加えて、コール政権がおこなった中途半端な改革の影響も大きい。コール政権は、税制や社会保険の改革、郵便・電信電話など国営独占企業の規制緩和の面で、他国に比べて慎重に取り組んでいたのである。

ドイツでは、欧州統合の財政負担やドイツ再統一の費用に加え、加速するグローバル化による構造変化の影響がますます顕著になってきた。化学のヘキスト社や機械製造のマンネスマン社といった伝統ある企業が、外国のコンツェルンに合併・買収されるという憂き目にあった。企業は生産拠点を中欧・東欧やアジアに移転させ、ドイツ国内の労働者を解雇した。経営者は実質賃金の切り下げ、労働時間の増加、大量解雇や工場閉鎖という形で、グローバルな競争が過熱したツケを従業員に転嫁した。国家は税収を失い、他方で失業手当や早期年金、社会福祉費用が増大した。政府はこれらの問題を解決しようとはせず、逆に東西ドイツ統一の負担を社会保障制度によりいっそう上乗せするということをした（例えば、それまで西ドイツの年金制度に保険料を払っていなかった東ドイツの人々に年金を支給するという形で）。その結果、政府支出や税負担が増大したのである。給与以外の人件費や社会保険料率も上昇し、国際的な競争の舞台となったドイツは非常に不利な状況に追い込まれたのである。

東ドイツの人々は、物質面でも、精神面でも劇的な変化がもたらす圧力に対して立ち向かわなければならなかった。東西ドイツ統一は、西ドイツによる東ドイツの「併合」ではなかった。それは平和革命の結果であり、一九九〇年に実施された一連の自由選挙（最初で最後となった、民主的に実施された三月の東ドイツ人民議会選挙、統一後旧東ドイツ地域で再編された五州での一〇月の州議会選挙、一二月の旧東西ドイツ全土で実施された連邦議会選挙）によって東ドイツの民衆自身が認めたものであった。連邦共和国基本法第二三条に基づいて東ドイツが連邦共和国に編入されたことを、東西ドイツの対等な統一と理解することは到底できない。東ドイツは経済が壊滅状態にあり、政治システムもまったく信頼できるものではなく、西ドイツとの力の差は歴然としていた。一九八〇年代になると、東ドイツは次第にその経済の実体に影響を受け、国民の生活・消費水準は低下していた。電子産業をはじめとして西側諸国との技術的な格差を縮めることはもう不可能だった。化学工業が集積したビッターフェルトなどでは、環境破壊も深刻だった。世界市場からも孤立し取り残されていた。ソ連が東ドイツ政権をなにがなんでも支援する、という姿勢をやめ、東ドイツ指導部が国境の行き来を遮断できなくなると、東ドイツの人々は逃げ出した。それまでＳＥＤ上層部のごく一部しか知らなかった経済の惨状が、ここにきてはじめて明らかになったのである。

統一後のドイツにとって、東ドイツ経済の破綻は、採算のとれない企業体や競争力のないコンビナートといった社会主義的計画経済の負の遺産を一掃しなければならないということを意味した。また、東ドイツの法制度は、市場経済の基盤となる資産や債権などに関して無意味だったため、新たな法や経済、社会制度の基盤が必要となった。四〇年にわたる社会主義時代を経て、東ドイツでは中流階級が消滅しており、東ドイツ人が企業活動をするための訓練が必要であった。これらは東西ドイツ双方を直撃した構造変化がもたらす圧力のもとで起きることとなった。

またこの変化は、東ドイツ人をこれ以上西側に移住させずに遂行される必要があった。そのため、東ドイツ首相ロタール・デメジエールの要請もあり、東西ドイツ間の経済・通貨・社会統合の交渉では、賃金や年金、社会保障制度改革において東西の通貨を一対一のレートで調整すると一九九〇年七月一日に決められた。もっとも、このレートは両国の経済的実情に見合ったものではなかった。そのため、貯蓄については旧東ドイツマルク二に対して西ドイツマルク一のレートが適用された。年齢により異なる二〇〇〇東ドイツマルクから六〇〇〇東ドイツマルクの基礎年金のみ一対一の交換となった。この措置は二つの結果をもたらした。まず東ドイツの人々の生活状況が大幅に好転し、旺盛な消費をもたらした。そして実質的に通貨が四〇〇％切り上げられることになった。これは旧東欧諸国が貿易の競争力を高めるために通貨切り下げに走っていた時期に起こったことであり、東ドイツの貿易は壊滅的打撃を受けた。つまり、東ドイツ経済は東側の低賃金の諸国とも、生産性において凌駕する旧西ドイツとも勝負できなくなったのである。このように旧東ドイツ地域の経済活動は崩壊したものの、旧西ドイツが生産する質のよい製品を求める旺盛な需要が見られたため、一時的にではあるが旧西ドイツ側は好景気の局面に突入したのである。

また、信託公社が旧東ドイツの国有企業を市場経済体制に移管するという大規模な計画を実施したことによって、東ドイツの人々が直面した経済面での先行きの不透明さはさらに増大した。信託公社は約四〇〇万人の従業員を数える一万二〇〇〇社を超える国営企業の約半数を民営化し、一三％の企業は本来の所有者に返却され、残りの企業は清算された。私有地や家屋は、統一条約で定められた「補償ではなく返還を優先する」という原則により、所有者が大きく変わった。旧東ドイツが国有化を強制した財産の所有者で、その権利を回復させようとする者が二二〇万件に及ぶ申し立てをおこない、約五分の一が認められた。

この構造の変化は旧東ドイツの労働市場に劇的な影響を及ぼした。一九九〇年から九二・九三年にかけて、旧東ドイツの労働者の約三分の一が職を失い、約一一五万人（被雇用者の一六％）が失業者となった。五五歳以上のほぼ全て（九八％）の者がその後数年以内に職業生活に終止符を打ったが、そのほとんどは早期年金支給プログラムによるものであった。一九八九年から九四年一一月まで就業していた者のうち、同じ雇用主のもとに留まった人間はその四分の一にすぎなかったのである。しかも、その間一時帰休などなしに働き続けることができたのはたった一八％だった。この大混乱は、西ドイツの社会福祉制度が適用されることによって緩和はされたものの、旧東ドイツの人々の心理に悪影響を及ぼした。

特に、東ドイツの人々は、資産ではなく仕事によってアイデンティティを形成し、健康、余暇や休暇、児童や年金受給者の面倒に至るまで、職場によって生活の大部分が組織されていた社会であるからこそ、労働市場の変化がもたらした影響は大きかった。コンビナートの消滅とともに、職場だけではなく、幼稚園、病院、国営スーパー、ユースクラブ、プール、休暇村や住宅地に至るまで消滅した。一九九〇年にコール首相は東ドイツに「花咲き乱れる光景」が出現すると約束したが、一九九八年に彼が首相を辞任したとき、旧東ドイツの各州では復興した旧市街や、きれいに整備された石畳を敷き詰めた広場、アスファルトで舗装された道路が目を引いた。これらは旧西ドイツから供与された数十億ドイツマルクの資金によるものであった。しかしそれと引き換えに、東西ドイツ統一後の一〇年間で、職場とともに若者や社会での交流の場が消え去ってしまい、社会的に荒廃した地域が抱えた精神的負担という「負債」が生まれたことも見過ごしてはならない。

3　コール体制

「統一宰相」となったヘルムート・コールという人物の最大の切り札は、その政治家としてのキャリアにおいて、党内・敵対陣営双方からその力を過小評価されてきたことである。ヘルムート・コールは、若い頃から政治家こそが自分の天職かつ運命であると感じていた。ラインラント＝プファルツ州議会選挙で初当選したとき、彼はまだ三〇歳手前であった。一九六六年、三五歳で同州CDUの州党代表となり、六九年に州首相となった。一九七三年にCDU党首に選出されたとき、彼はまだ四三歳になったばかりだった。その反面、彼は手痛いしっぺ返しも経験し、それにより困難を乗り越える能力を身につけた。一九六六年に党指導部入りを狙うも失敗、一九七一年には党首選に出馬するも敗北、一九七六年の連邦議会選挙では、CDU史上第二位となる四八・六％もの得票にもかかわらず、現職ヘルムート・シュミット首相率いるSPDに敗れた。

コールは首相になってからしばらく、ブラント元首相、シュミット前首相とはちがって、マスコミと良好な関係を築けなかった。コールは、田舎者で知的雰囲気を欠き、指導力も欠如しているというのが一般の評判であった。風刺画家はその容貌から彼を「梨」に似せて描いた。報道関係者は、彼が話すときに端々に出る地元のなまりや不器用な言葉遣いをあざ笑った。その結果、長年にわたり首相とマスコミ関係者は、お互いを毛嫌いすることが当たり前となっていた。だがコール首相が歴史的な業績を上げた一九九〇年以後、その関係は変化した。結局コール首相はマスコミ受けせず、ときには対立もしたが、二五年以上も党首の座にとどまった。また、彼は一九八三年、一九八七年、一九九〇年、一九九四年と四回の連邦議会選挙に勝利し、一六年ものあいだ、政治のトップに君臨し続けたのである。

この成功の原因は二つある。コールが東ドイツの思いがけない革命を、自分に都合よく利用したということと、一九八九年秋に党内で生じた不協和音を巧みに利用したことである。彼の政治活動の基礎となっていたのは、CDUの幅広い党員との関係である。コールは長年にわたって電話、個人的な会合、あるいは政治活動を後援するなどの手段により、郡レベルに至るまで人間関係を構築した。国政や党のポスト配分において、彼はCDU独特の問題（重要性を失いつつはあったカトリックとプロテスタントの比率）を念頭に置いただけでなく、地域グループ間のバランスをとって配分することに腐心した。党内派閥のバランス、とりわけ、キリスト教民主主義労働者協会（CDA）内部の「聖心社会主義者」を核とする派閥と、経済を重視する派閥を形成する中間企業家層との関係は非常に重要であった。一九八〇年代に入ってからしばらく、CDUは（とりわけ女性の）カトリック層、自営業者、農民などのコアな支持者を党にひきつけ、選挙戦に動員することに成功していた。しかし、その後は徐々に党の弱体化が進んだ。これは、政党の拘束力が弱まってきたことと、共産主義の敵という党のイメージが薄れてきたことに関係している。

コール政権は、ハンス・ディートリッヒ・ゲンシャー率いるFDPとの連立を基盤としていた。両党は経済・社会政策にとどまらず、外交や欧州政策、東西ドイツ政策で基本的に一致していたことから、長期の連携が可能となった。コール首相は、FDPが自分たちの存在感をアピールし、他党と差別化したいという欲求を熟知しており、政策や立法でそのことを計算に入れ便宜を図っていた。さらに、コールはCSUが出してくる歓迎されざる要求への対抗手段としてFDPを利用し、CDUを与党内の中道勢力と位置づけることに成功した。CDUとFDPの連立が長続きしたのは、双方が連携の破棄に及び腰だったことも理由の一つである。FDPは「風見鶏政党」と呼ばれ、一九六九年、八二年と連立相手を鞍替えしてきたからこそ、当面はそれが許される状況ではなかった。しかし、CDUとCSUもFDPに頼らざるをえなかった。CDUが絶対過半数を獲得することは不可能であり、他に連立を組める政党はまったく見当たらなかったからである。

一九八五年に州レベルで緑の党ははじめて与党となり（ヘッセン州でSPDと連立）、ヨシュカ・フィッシャーを環境・エネルギー担当大臣に据えたことで、ドイツ政界における「第四の政党」として成功した。だが、このことはCDUが連邦レベルで行動する余地を狭めることとなった。緑の党支持者は当初、SPDからの離脱者が中心であり、一九九〇年の選挙では五%条項により議席を失ったため、党の存在自体が長期間もちこたえられるかどうかもあやふやであった。にもかかわらず政党の布置状況が左にずれたことにより、CDUの戦略的立ち位置は悪化した。旧東ドイツの共産主義者がPDSを立ち上げ、まず旧東ドイツで、そしてその後旧西ドイツでも第五政党として確固たる地位を築くと、政界では左派連立の選択肢が増えた。だがCDUがこの勢力と手を組む可能性はもちろんゼロであった。一九九四年にはザクセン＝アンハルト州でＰＤＳがはじめて州政府の政権成立に関与することとなり、これは「マクデブルク方式」と呼ばれた（第三党で野党第一党のＰＤＳがＳＰＤと緑の党の少数与党を黙認した）。一九九八年にはＳＰＤのジュニアパートナーとしてＰＤＳはメクレンブルク＝フォアポンメルン州政府の与党となった。

一九九〇年以後、旧東ドイツのエリートが統一後のドイツに統合されていくプロセスを「第三帝国」崩壊後の時期と比較すると、それはまったく真逆の状況であった。ナチ党の同調者や共犯者は、戦後そのイデオロギーを放棄せざるをえなかった。彼らは新しい社会に適応しなければならず、政治の世界で重要な役割を果たすことはもはや許されなかった。その引き換えに恩赦を与える法律が整備され、社会復帰が認められた。一九九〇年以降はこれとはまったく逆だった。ナチスに関わっていた人々は激しく信用を失ったが、共産主義に与していた人々は、そこまでの扱いはされなかった。旧東ドイツの支配政党は改名して存続し、旧東ドイツの過去の汚点は、一九四五年以降のナチスと比べて、はるかに迅速かつ包括的に処理されたのである。同時に、エリートの入れ替えは第二次世界大戦後よりもさらに徹底しておこなわれた。これは、旧東ドイツ地域で民主主義と市場主義経済を広めるという特殊な目的があり、当然西ドイツ人で教育を受けた人間が質的にも数的にも優位に立っていたためである。これが第二次世界大戦後とはまったく異なる事情である。東西ドイツ統一から五年間で、旧東ドイツ地域の要職を占めた者のうち、約四〇％が西ドイツ出身者となり、これは「地位が高ければ高いほど、西ドイツ出身者の占有率も高くなるという決まりに沿ったもの」であった。

西ドイツの人間はあらためて反全体主義という点で合意したが、一九九〇年代にCDUがPDSにSEDの後継政党というレッテルを貼ろうとどれだけ努力したところで、（反共産主義が強かった）アデナウアーの頃のようにはいかなかった。旧西ドイツでは、共産主義に対する危機意識がすでに色褪せつつあり、旧東ドイツに成立した新しい連邦州では、多くの人々はかつての支配政党を非民主的なものというよりは、旧東ドイツ地域の利害を代弁している、と感じていた。それにもかかわらず、一九九八年までCDU／CSUが統一ドイツで支配的な政治勢力にとどまり続けたのは、対抗馬のSPDが自らの課題解決に追われていたからである。

緑の党との連立という戦略的に重要な課題については、SPD内では長きにわたり意見が分裂していた。中道左派の連立という選択肢は魅力的であったが、緑の党は何をしでかすかわからない、「反政党」政党という先入観のせいで、SPD内部では反感を持つ者も多かった。ワンポイントリリーフであったハンス・ヨッヘン・フォーゲル、一九八七年の選挙に連邦首相候補として打って出て、ヘルムート・コールの前に敗退したノルトライン＝ヴェストファーレン州首相のヨハネス・ラウ、一九九四年の選挙で同じくヘルムート・コールに敗れたルドルフ・シャーピングらは、例外なく党の活性化や党政策の刷新、新しい支持者の獲得に失敗した。党の大変身を成し遂げる可能性を最も感じさせたのは、ザールラント州出身のオスカー・ラフォンテーヌだった。ヴィリー・ブラントの「孫」世代のなかで、彼は自他共に認めるSPDきっての政治的天才だった。しかし、ラフォンテーヌは、よりによって東西ドイツが統一した一九九〇年という最悪のタイミングでSPDの首相候補となった。彼は東西を問わず全てのドイツ人が愛国的な多幸感に浸っていたこの年に、旧西ドイツの利益を擁護する代表者と目されてしまったのである。このため、ドイツ統一が突きつけた課題を把握する勘が冴えていたヴィリー・ブラントとラフォンテーヌの対立が起こり、ＳＰＤは「足並み揃わぬままドイツ統一へ突入」することとなったのである。

4　ドイツ人と国民

「国民」をめぐる問題でトラブルを抱えていたのはＳＰＤだけではなかった。一九四五年のドイツ帝国の崩壊が遠くなればなるほど、ドイツ人と「国民」との関係はより複雑なものとなっていった。一九七〇年代以降の新たな危機的状況と強迫観念によって方向性が見失われ、「歴史」にアイデンティティを求めようとする傾向が生まれた。このため、過去から受け継いだものの保存がより重要な意味を持ち、歴史的建造物の保護に意義が見出されるようになった。ビスマルク時代の建物の外壁から漆喰をそぎ落とすことよりも、修復が優先された。旧市街の街並みは取り壊しを免れリフォームされた。「故郷」という考えが流行し、「国民」の過去に関心が集中した。一九八一年にベルリンにあるマルティン・グロピウス・ハウスで大々的に開催されたプロイセン博覧会や、ジードラー社が一九八〇年代に手がけたシリーズ『ドイツ人とその国家』が全一二巻まで刊行されたという大成功がこの関心を証明している。

国民の再発見と、歴史研究が連邦共和国を自前の歴史を持つ共同体として認めることには、一種の緊張関係が存在した。ジードラー社のシリーズは中世初期までをカバーしていたが、ほぼ同時期に、ドイツ・フェアラークアンシュタルト社が連邦共和国史シリーズの出版を開始していた。このシリーズに関与した著名な現代史家たちは、西ドイツの成功の歴史という解釈を提示し、それは一つの通説となった。彼らの多くが子供や青年の時期に「第三帝国」を経験していたが、その関心は、一九五〇年代に第二のドイツ共和制が安定するか否かという点にあった。ヴァイマル共和国の政治的不安定さと危うさ、そしてナチ独裁の暴力に走ろうとする傾向が反面教師となった。四五歳以下の西ドイツの人々はドイツがかつて国民国家であった時代を明瞭に記憶しておらず、連邦共和国は「暫定国家」という考えにこだわらず分断されたドイツが長期化することを受け入れたのである。

それと同時に、ナチスの過去は世論にさらに長い影を落としていった。それは、多くのドイツ人にとっては、個人で関わりのなかったことに歴史上の責任を負う、ということを意味していた。この事実をもとに学術上の論争が生まれ、公的な記念行事がおこなわれていった。学術界では、それまで以上にヨーロッパ・ユダヤ人の虐殺が取り扱われるようになり、ナチ党や親衛隊の指導者だけでなく、警察や国防軍で目に余る暴力行為や殺人に加担した「まったく普通の人々」にまで研究対象は拡大していった。この視点の変化は、政治家の記念演説にも反映された。一九四五年五月八日の終戦四〇周年記念演説で、リヒャルト・フォン・ヴァイツゼッカー大統領は、ナチ政権下で迫害された犠牲者を追悼したが、犯罪自体は「少数の者が手を染めた」と主張して、加害者をうやむやにしてしまった。

その頃、政治家や世論がヨーロッパ連邦という企図に大きな期待を寄せたのは、ヨーロッパという未来によってドイツのうしろ暗い過去から免れることができる、と考えていたからだ。ＥＣへの統合によってナショナリズムから脱却することをドイツ人が心待ちにしているように見えたのは当然である。マーガレット・サッチャー英首相は、その回顧録で「ドイツの政治家が自らの国民意識をより大きなヨーロッパ・アイデンティティに融合させようとする必要性は理解できるが、それはアイデンティティが確立している他のヨーロッパの国々に問題を押しつける」とコメントしている。つまり「それはドイツ人が自制することにためらいがあり、ヨーロッパのどの国民も自制が効かなくなるような制度を作ろうとするからだ」と彼女は考えた。これは悪意に満ちた言い草だが、あながち的外れではない。とはいえ、ドイツ人の独特な意識のなかで、「国民国家が居並ぶなかでのドイツ人のポスト国民国家的民主主義」が、国民国家を超えた先に来るであろう未来に対して、どこよりも対応能力に優れているという、一種の前衛的感覚が目芽え始めたのである。

ヘルムート・コールは博士号を持つ歴史家でもあり、歴史上の自己認識に関するドイツの世論を敏感に察知していた。そのため彼は、ドイツ人の過去の問題に対する様々な言及を糾合しようとした。彼の歴史政策の中心にあったのは二つの歴史博物館である。ベルリンのドイツ博物館は、中世までを視野に入れたドイツ人の国民史のためのものであり、ボンに建てられた歴史博物館は、連邦共和国の自己紹介の場という性格を担っていた。コール首相は、ナチスの過去が持つ意味合いを読み違えたとは言えないが、ナチスという過去をドイツ史の「逃げ道」ではなく、肯定的な面をも持つ国民史という、より大きな枠組みのなかに組み込もうとした。

しかし、彼はこの試みで、ときどきへまをしでかした。コールはイスラエル議会（クネセト）で、自分のような世代は「第三帝国」で個人として罪を背負うには若すぎた、というわゆる「あとから生まれた者への恩寵」を口にした。これがばかな弁明だと批判されたのは、よりによってこのような考えを口にすることが憚られるクネセトでの出来事だったからである。また、レーガン米大統領をビットブルグにある兵士の墓地に招待し、戦没者を追悼したこともスキャンダルとなった。コールはその前年に第一次世界大戦の激戦地ヴェルダンでミッテラン仏大統領と追悼式典を催し成功を収めていたが、今回は失敗したのである。ドイツ人は、第二次世界大戦が第一次世界大戦よりも問題があるとは理解してはいたが、ビットブルグには武装ＳＳの隊員も葬られていたため、コールは加害者と被害者を一緒くたにしてしまったと批判された。

コール首相はドイツ史という足場の悪い場所に慎重に立ち入ることをせず、その批判者が彼やＣＤＵの支持者にナショナリストという烙印を押したり、歴史政策上の修正主義者だと風刺することとなった。「ドイツ史をめぐる文化闘争」は、一九八六年の「歴史家論争」で頂点に達した。この論争はベルリン自由大学教授のエルンスト・ノルテの論文により口火が切られた。ノルテ論文の核心は、十月革命でのボリシェヴィキによる「階級殺戮」は、ナチスの「人種殺戮」の先行事例だっただけではなく、（部分的には）影響を与えたものなのだという主張であった。このテーゼは、数ある歴史家のなかでもノルテひとりが主張したものではあるが、ユルゲン・ハーバマスは、左派知識人がこれまで労力を注いで得てきた世論のリードを帳消しにしようとする保守主義側が、大攻勢をかけてきたと受けとめたのである。

著名な新聞紙上でドイツの近代史研究者が敵味方に分かれたこの論争は、学術的には非生産的であった。ハーバマス陣営は、この文化の主導権をめぐる争いで判定勝ちに持ち込むことができた。しかし、コール首相の歴史政策に対する憤懣が拡散するなか、一九八九年秋頃には彼がドイツ統一政策において極めて受け身であった事実は霞んでいってしまった。ともかく口先だけで実体がないままコールはその前政権（ＳＰＤとＦＤＰの連立与党）の方針から逸脱していった。東ドイツのエーリッヒ・ホーネッカーＳＥＤ書記長が繰り返しソ連に反対されたことにもめげず、一九八七年に西ドイツ訪問を果たした際、彼は通常の国賓とほぼ同じ待遇で歓迎された。一九八九年までコールのアジェンダではドイツ統一より欧州統合が優先されていた。その理由は、西ドイツ人の多くが伝統的な国民国家よりも、超国家的で、曖昧模糊とした欧州の共同体に親近感を持っていたからである。

思いもしなかった東西ドイツ統一を経て、ある課題が急浮上した。それは、国民とヨーロッパ、国家の利害と欧州統合、ドイツの伝統と西欧の価値観、これらの関係性がどうあるべきか、というものであった。新しい保守勢力はイデオロギーとして延命し、統一ドイツが西欧に組み込まれることを根本から疑問視した。アメリカ志向の学者はそれまで以上に懸念を抱き続けた。というのも彼らは、国土が拡大され、その力を増したドイツ政府がそれまで以上の責任を引き受ける姿勢を見せ、また国家の利害をかつてないほど当たり前に主張しようとしたためである。ボン大学の政治学者であったハンス・ペーター・シュヴァルツは、統一ドイツが今や好むと好まざるとにかかわらず、新たな「欧州の中心的な覇権国」になったと宣言した。また、ベルリン自由大学教授で現代史家アルヌルフ・バーリングは、統一ドイツをめぐる外交は、西ドイツをとりまく国際環境よりも、ビスマルク時代の地政学的状況に似ているという挑発的な発言をしたのである。社会学者のラルフ・ダーレンドルフは、ヨーロッパは世界のなかでの政治的超大国でもなければ故郷でもないと述べ、国民国家がもつ文明化の影響を過小評価すべきではないとした。このような立場は、一九九〇年代に貫徹されることはなかった。知識人の言説においても、政治の現場においても、統一ドイツをヨーロッパというしくみに強制的に組み込むことは、自明だとされていたのである。

第五章　ベルリン共和国への出発——一九九九〜二〇〇八年

1　ボンからベルリンへの首都移転

一九九一年六月、連邦議会はベルリンを首都、政府と議会の第一所在地とすることを僅差で承認し、その後しばらく動きはなかったが、まずは新しいオフィスや会議室の建設・リフォームが必要となった。一九九四年一月に連邦大統領が公邸をベルリンのベルビュー宮殿に移転させ、一九九八年一一月には連邦大統領府も移転した。いわゆる「ベルリンへの大引越し」となる一九九九年夏には省庁の大部分や連邦議会も移転した。連邦参議院の移転には少し時間を要し、二〇〇〇年秋にライプツィヒ通りの旧プロイセン貴族院の建物で議会運営を始めた。第二次世界大戦終戦直後のように、暫定的なものも多かった。首相官邸は首都移転に間に合わず、シュレーダー首相は旧東ドイツ国家評議会ビルのエーリッヒ・ホーネッカーが使用していたオフィスに入居し、二〇〇一年五月にようやくシュプレー川のほとりにある新築の首相官邸に転居した。また、六つの省庁の第一所在地はボンに残留した。

フランスは共和国に成立順の番号を付しているが（現在は第五共和制）、ドイツではヴァイマル、ボン、ベルリンと町の名前との関連が重視されている。一九九〇年に東西ドイツが再統一されても、憲法改正も国制の改革もなかった。行政制度も更新されたわけではない。政府、企業、行政の指導者層も、わずかに旧東ドイツの人間が加わっただけでほとんど変化はなかった。「ベルリン共和国」という言葉も当初物議を醸した。プロイセンのかつての首都名を冠することは、とりわけ外国で、歴史の忘却や国家の自己顕示、あるいは西側世界の同盟から離反することなどととられるのではないか、と懸念する者もいた。旧西ドイツが持っていた控えめで愚直、理性的で信頼のおける、とりわけ気取らずに政治を理解しようとする姿勢が、首都がベルリンに移転した後に、自分の評価を気にする成り上がり者に熱狂的かつ突然豹変する、とはならなかったのである。

しかしジャーナリストのヨハネス・グロスが一九九五年に著書『ベルリン共和国の建国』で高らかに宣言したように、人々は、国制の現実、社会の自画像、政治活動の枠組みなどの変化が密かに忍び寄ってきていることを予想していた。これはつまり、段階を踏んだ共和国の再編であり、全体としては共和国が次第に変容していく方向に進んでいったことになる。ドイツが置かれた国際関係は根幹から変化し、国際政治やヨーロッパ政治でドイツの持つ重要性は増大した。社会や政治における対立は、どんどん分節化していく社会のなかで以前にも増して激しくなった。マスコミや行政組織での世代交代による影響は、ボンからベルリンへの首都移転でいっそう強まった。その背景には、年配の者は長年慣れ親しんだ生活を重視してボンにとどまることを選んだという事情もある。政府や議会関係の建造物を見ればわかるように、ベルリンはボンとは明らかに違っていた。コール首相が建てた巨大な首相官邸、ガラスのドームを屋上に乗せた古典様式の連邦議会議事堂は国の主権や権力を表現していたが、ボンではこのような建物を建てようという発想にすら至らなかった。

首都移転は、ドイツの文化的座標軸の移動を伴った。ドイツ人の集合的記憶、なかでもホロコーストの想起にとって、ナチズムという過去の持つ意義が増大し続けていたのである。とりわけ注目すべきは「虐殺されたヨーロッパ・ユダヤ人のための記念碑」で、これは激しい論争の末、二〇〇五年五月にベルリンのブランデンブルク門の横に完成した。この記念碑は、ドイツ人の国民的自画像の中核にナチズムの犯罪がある、ということを象徴的に表している。後世に生まれた人々が歴史から学ぼうとする、その決然たる意思を示す石碑として、神聖なものとすら言えるのである。加害者世代がこの世を去るにつれ、ナチスの犯罪を公に記憶することは、ドイツという国の「レゾン・デートル」や歴史政策に関するコンセンサスとなり、ドイツ国内では分節化していく社会をつなぐものとして、外国に向けて恥じることのない浄化されたドイツの看板となることが期待されたのである。

ドイツ政府は二〇〇〇年にナチスによる強制労働への補償を開始したが、このようなドイツの蛮行を清算する努力は、旧ユーゴスラヴィアの民族浄化、トルコのアルメニア人虐殺など、民族の過去が持つ影の部分に対処する際の他国の模範となった。ヨーロッパの記憶の文化と共通の価値観を涵養させる動きの一環として、一九三九年から四五年にかけておこなわれた残虐行為は、ドイツ人だけが抱える「罪」という意味を超え、国際法や国際刑法の議論にも定着していった。ドイツ人の過去の所業は、世界のどこでも起こりうる大量虐殺やナショナリズムがもたらすむごい事例だとされた。自信を深めたドイツは、他国が「手遅れにならないうちに手を打て」というスローガンに反した場合、その出過ぎた振る舞いをたしなめることができると考えることさえあった。このような流れのもと、二〇〇〇年初めにオーストリア人民党がイェルク・ハイダー率いる極右の自由党と連立したため、EU加盟国一四カ国から公然と非難されたのである。

ドイツの世論が、自らが犯罪の犠牲者だと認識するようになり、ホロコーストの追悼が組織化されると、ドイツ国民の苦難を想起する必要性があるのではないか、ということが（一九五〇年代がそうであったように）あらためて提起された。歴史家イェルク・フリードリッヒが連合軍のドイツ空襲を扱った著作は大いに部数をのばした。ギュンター・グラス（『蟹の横歩き』、二〇〇二年）やヴァルター・ケンポウスキ（『いたずらに』、二〇〇六年）は、旧東部ドイツ領土からの人々の逃亡や追放を扱った。その当時CDUに所属していたエリカ・シュタインバッハは「被追放者連盟」の会長として、SPDの政治家ペーター・グロッツとともに、東中欧から追放された一四〇〇万人のドイツ人をしのぶセンターを設立すべく、二〇〇〇年から活動を続けてきた。ただし、大規模な歴史修正主義のきっかけになるのではないかという不安から、この計画はとりわけポーランドで激しい批判を受けた。

また、東ドイツの歴史との知的対決は、ナチスに関する議論に密接に織り込まれていた。「第三帝国」と東ドイツの二つの独裁体制を比較することがどれだけ確かな手法か、という例において、東西ドイツ双方の伝統の潮流が一つに合流するような、新しい政治体制に関する世界観の根本的コンセンサスが討議された。つまり、旧西ドイツの反全体主義と、旧東ドイツの建国神話とされた「上からの」反ファシズムとが対比されたのである。これにより、ナチスの犯罪に対する罪悪感は、新しい統一ドイツへ引き継がれた。同時に、定められた規範に合致しない、戦争や占領期に関する個人の記憶（旧東部ドイツ領からの追放や赤軍による大規模な暴行など）は力ずくで抑え込まれたり、政治的に疎外されたのである。SED政権の崩壊により、東ドイツでの国家教義としての反ファシズムは消滅したが、その影響はなくならなかった。旧西ドイツでは、世代により濃淡はあるが、ナチスの過去との対決が激化するなか、反全体主義的コンセンサスのなかにある反ファシズム的部分が、本来優勢だった反共産主義よりもさらに強調されるようになった。その結果、政治の世界でも知識人の議論においても、極右に対する風当たりは、極左に対するそれよりも、厳しくなっていったのである。

一九六八年の学生運動をめぐる論争でも同様の思想的な変化が見て取れる。このことにより、「過去の克服」という営為が、はじめて独裁政権の（負の）遺産だけでなく、ドイツにおける民主主義の歴史を、その一部とはいえ、はじめて評価することを目指したのである。そしてその批判者が主張したように、学生運動世代は西ドイツの民主主義体制を否定し、打倒しようとして戦ったのか、それとも、運動に関わった人々が自認しているように、民主主義を強靱にし、成熟させ、活性化したのか、というところに問題の核心がある。これらの疑問は、一九七〇年代初頭にフランクフルトのシュポンティ（自発的行動派）に属し、一九九八年に連邦外務大臣を務めた緑の党の指導的政治家、ヨシュカ・フィッシャーの伝記に凝縮されている。フィッシャーは、警察官を殴打し、投石したという非難に対し、自分は非暴力主義者であると公言して自己弁護をした。しかし、意味ありげに目配せしながらあの当時の過失を白状したことは（自分は「人騒がせ者」でも「聖人君子でもない」と言った）、そこにまったく贖罪の気持ちがなさそうなことが透けて見えるのである。

ベルリン共和国の世界観的座標軸を一瞥すれば、「一九六八年」をスキャンダルとして扱おうという試みが失敗に終わったことがわかる。ドイツの民主主義はアデナウアー時代ではなくブラントの時代にその発展が始まった、という歴史観ができあがったのである。西ドイツの「成功の歴史」のこの変異は、国家の安定化よりも社会の多元化、自由化そして民主化や、社会への参画の拡大、社会保障の拡充や権威主義的社会秩序の解体を重視していた。このように論じる者にはそもそも学生運動世代の人間が多く、政治的にも左派であった。典型的に否定すべきものとは、保守主義や権威主義、権威主義国家、そしてヴィルヘルム時代から弱体だったヴァイマル共和国、ナチスの時代を経て、復古主義的なアデナウアーに至るまで見られた、民主主義に対するドイツ社会での公然とした、あるいは潜在的な敵視であった。この解釈では「一九六八年」は脅威ではなく、ドイツ民主主義の自己解放であった。また、この考え方の落とし所とは、多元的・民主的、社会の公正、多文化的で、自由主義的な国民国家・法治国家として「西側への長い道のり」をついに発見した、二一世紀初めの再統一されたドイツであった。

2　政権交代

一九九八年秋に史上初の本格的な政権交代により発足した政府の規範となる方向性や自画像、それを形成したのは、暗い過去を模範的に清算し、最終的には克服した市民による、寛容で、経済力があり、環境保護を十分に意識した、文化的には多様で、社会保障が安定した国というイメージであった。一九六九年、八二年に首相が交代したとき、前政権の連立からジュニアパートナーが新政権に残留した（一九六九年はSPD、一九八二年はFDP）。一九九八年は前政権の与党が全て退陣し、SPDと緑の党が政権を獲得した。一九四九年以来、連邦で政府与党の経験を積んだ者がいない内閣が初めて誕生したのである。そのため、SPDのゲルハルト・シュレーダー首相、緑の党のフィッシャー外務大臣・副首相による新内閣は、新鮮で目新しく、やる気に満ちていたが、それと同時に未熟で頼りない一面を見せながら船出した。

ヘルムート・コール首相が在任した一六年間は、しばしば思考のない停滞した時期とみなされていたが、SPDと緑の党、いわゆる「赤緑政権」は、閉塞感を打破しようという雰囲気や、なんでも積極的にすぐ取り組もうとする、時代に合致した政治スタイルを体現していた。保守政党は共産主義の終焉によって仮想敵を失ってしまったが、ソ連の解体によって社会民主主義はイデオロギーの足かせから解き放たれた。SPDがイギリスのニューレイバーの「第三の道」に依拠して提唱した「新しい中道」は、共産主義と資本主義、福祉国家と自由放任主義など、過去の両極端な概念を捨て去ったと主張した。現実主義、節度や寛容が新たな道しるべとされた。この党の立ち位置の変動は、イデオロギー的に弱体化したように思われたSPDを躍進させることとなり、伝統的な労働者階級からの反発を恐れることはないと中間層に確信させることとなった。

この変化を体現したのがシュレーダー首相だった。彼は政治をより個人のものにするきらいがあり、マスコミ対策に長けていたことによって、それまでの首相とは毛色が違っていた。SPDは、伝統的な支持層が崩壊し、政党の求心力が失われた時代が突きつける挑戦に対し、ライバル政党にくらべてより慎重かつ狡猾に対応した。まだ政党が基軸となっていた時期の国家をヘルムート・コールが体現していたとすれば、シュレーダーは「メディア民主主義の代表格」であった。シュレーダーは「『ビルト新聞、ビルト新聞日曜版、テレビ』さえあれば政治はできる」と豪語していた。彼が語るその人生は劇的だ。戦争未亡人の息子という貧しい身の上で、夜間高校で大学入学資格を取得し、法学部を卒業後法律事務所の共同経営者に収まり、政治活動ではSPD青年部の代表、後にニーダーザクセン州首相と成り上がってきた。シュレーダーは、人生を堂々と楽しみ、高価な葉巻をくわえ、上等な背広を身にまとい、首相の職とは責任を負うことだけではなく、楽しむことでもある、ということを物怖じせずやってのけたのである。

「ベルリン共和国」というレッテルは、無頓着で小市民的、田舎くさいものではなく、より都会的でコスモポリタンな政治的自意識を証明するものであった。また、ベルリンが政治の中心となることには、ライン川沿いにある「温室育ち」の首都＝ボンよりも、より近代的で刺激的、より本格的なものになるという約束や期待が込められていた。しかし、新たな出発という宣伝文句は、新政権が発足時にぶち上げた政策が、その演出に反して旧西ドイツの考え方を思った以上に強く反映していた。「雇用・職業訓練・競争のための同盟」（失業者対策のための政労使の協議の場）は、旧西ドイツが持っていたコーポラティズム的伝統を基盤とする労働市場政策の中核プロジェクトであった。脱原発は緑の党がそもそも追求してきた最重要事項であったし、疾病時の有給休暇と年金制度の変更を改定したことで、新政権は、前政権が実現まであと少しというところにまで持っていっていたいくつかの改革を後戻りさせてしまった。コール政権末期に嘆かれた「改革の停滞」は、一九九五年からSPD党首の座にあったオスカー・ラフォンテーヌが、連邦参議院を舞台にして巧みに仕掛けた政策の成果という側面もあった。

ＳＰＤと緑の党がタッグを組むというのは、旧西ドイツにおいて世代をまたいだ取り組みであり、実現するのが一〇年遅すぎたとも言える。これは、一九六八年の学生運動を契機にSPDに加わった者と、一九七〇年から八〇年代にかけて新しい社会運動や社会主義ドイツ学生連盟の分派であるKグループのなかで、環境保護、平和運動、フェミニズム、そして人権などの課題をめぐって社会化された緑の党の支持者を結びつけた（旧東ドイツSPDや人権活動家の動きはここではほとんど意味がない）。このような政治的傾向を持つ世代の人々は、時間をかけて様々な行政機構のなかを歩み、一九八〇年代終わり頃には、やっと自分たちが国家の命運を左右する地位に就いた、と実感していた。しかし、何人も予想していなかった東西ドイツ統一と、すでに克服したと信じられていた国民をめぐる問題の勃発に調子を狂わされ、さらに、ヘルムート・コールが「統一宰相」の栄光を手にしたことで、一九九〇年に予期されていた政権交代は実現するどころかまったく見通しが立たなくなったのである。

一九九八年に発足した新政権は、このような状況に応じて、遅れていると考えられていた社会や政治における自由化や、環境保護に対応した国家の改革に着手しようとする熱意にあふれていた。国籍法は、多民族化した社会に対応することになった。同性愛者の権利を認めるために、同性婚に先だって、まず申告制の生活パートナー法が導入された。母親を子供の世話から解放し、職場で過ごす時間を増やすために、全日制学校が拡充されることとなった。緑の党は環境税改革を推進し、期待されていたほどの進展はなかったものの、ドイツの税制に新たな原則を導入した。トリッティン環境相は脱原発に着手した。連邦食糧・農業・林業省は連邦消費者保護・食糧・農業省に衣がえし、農業生産者の利益を最優先することから、消費者の利益や環境保護を重視する方針に転換した。

このような政策に野党はほとんど抗うことができなかった。献金疑惑はCDU名誉党首であるヘルムート・コールの信用を失墜させただけですまず、その後継者たる党院内総務のヴォルフガング・ショイブレをも窮地に陥らせてしまった。この献金疑惑とは、コールが長年にわたって違法に裏金をため込むしくみを作り上げていたことである。このしくみを利用して、財政難にあった旧東ドイツCDUの州組織強化に手を染め、自分と親しいCDUの政治家を支援したのである。コールは、この資金を提供した大口の寄付者については、その氏名公表を拒絶した。彼は寄付者に匿名を貫く約束をしたことにより、法治国家を尊重するよりも自分の対面を重んじることを重視した。このことは、党員に対して、コールに従い続けるか、あるいは文字通り彼と縁を切るかという二者択一を迫ったのである。ショイブレは、コールの腹心かつ長年の盟友としてあまりにも彼に近い立場にあったため、あからさまに袂を分かつことはできなかった。ショイブレ自身もこの怪しげな献金に少なからず関与し、すねに疵を持つようになっていたために、党や議員団からの圧力も並大抵ではなくなっていた。ショイブレは公式にコールとの関係を断ったが、二〇〇〇年二月には党首と院内総務の地位を辞することとなった。

3　ドイツの「戦争と平和」

ドイツを「普通の国へ」という考えは、SPD・緑の党政権による政治的主張や政策の実行現場では、お題目のように唱えられていた。ドイツが最終的にヨーロッパの他国同様に国民国家になるべきということは、国民の大部分の意向に沿ったものであり、実際にこの考えに賛同が集まっていた。民主主義が成功して五〇年、という実績で、ドイツが国際社会における対等な構成員として外国から認められようとし、もうナチスを理由に疑いの目を向け続けられたくない、ということが主張され始めた。その対抗策として、政府はそれまでにない新しい責務を積極的に引き受け始めた。ドイツは、国連安全保障理事会の常任理事国入りに尽力しただけではない。SPD内部や、なによりも緑の党の強い反発にもかかわらず、一九九九年に旧ユーゴスラヴィアの平和維持活動に連邦軍を派遣し、二〇〇一年にはアフガニスタン戦争や戦後復興で主導的な役割を果たそうとした。また、アメリカが起こした二〇〇三年のイラク戦争では、アメリカの主張がサダム・フセイン政権への軍事攻撃を正当化できないという理由で、ドイツ政府はこれに加担することを拒否したのである。

このような政治路線を遠回しに表現するために様々な比喩が使われ、ドイツが「成人した」、まだまだ「子供」であったボンの時代からはずいぶん成長した、などと言われた。このようなことを念頭におけば、一九九八年秋に政権交代がスムーズに進んだことは、これまでの民主主義に関する「卒業試験の合格」とみなされよう。ボンからベルリンへ首都が移転したことは、連合国の保護と監視下で「実家」にいた半人前の子供がこれまで心待ちにされつつもいくぶん危なっかしい「独り立ち」へ出発したと理解できる。シュレーダー首相がイラク戦争へ「ノー」を突きつけたことは、対米従属を「断ち切る」ために必要不可欠な一歩と解釈された。また、国連安全保障理事会での常任理事国の座を獲得する努力を強化したことは、ドイツが「成熟」したことをさらにアピールするためだと理解された。このような発達心理学からの用語の借用をうさんくさく感じる人々は、ドイツが長いあいだの試行錯誤を経て、ようやく西欧国民国家的な正常性に「たどり着いた」と説明したのである。

だが現実はそんなに簡単なものではなく、「西欧への到達」とも、「連邦共和国が成熟した」という言説でも説明はできないのである。一九九九年から二〇一一年までのあいだ、赤緑政権、そしてその後政権を担った人々は、ヨーロッパやその近隣の地政学的に重要な地域で見られた一連の軍事紛争に直面し、対応を余儀なくされた。ドイツは、一九九九年のコソボ、二〇〇一年のアフガニスタンで戦争に参加したが、二〇〇三年のアメリカによるイラク攻撃は非難した。二〇一一年のリビアへの多国籍軍による軍事行動については、CDU／CSU・FDP連立政権下のドイツは、部隊を派遣しないという名目で国連安全保障理事会の票決を棄権した。

ドイツ政府の反応を説明するには、国際法上での各軍事行動の正当性がどう違うのかを示すだけでは不十分である。コソボ紛争は、アメリカ主導で国連の委任なしにおこなわれた。NATO加盟国が攻撃を受けていないことから、その取り決めに基づいたケースでもなかった。アフガニスタン戦争はまた事情が異なった。アメリカは、二〇〇一年九月一一日にニューヨークのツインタワーへの同時多発テロにより、タリバン政権が庇護していたテロリストから攻撃を受けていた。国連は後づけでこの軍事行動を是認し、その後NATO指揮下の国際治安支援部隊（ISAF）を組織した。ドイツ連邦軍もこれに参加したのである。しかし、すでにその数カ月前にシュレーダー首相は、ドイツの「限りない連帯」をアメリカに約束していた。それとは逆に、二〇〇三年初頭にはシュレーダー首相は、国連委任のあるなしにかかわらず、アメリカのイラク攻撃という「冒険」の拒否を明確にしていた（最終的にはドイツがそういう立場をとったため、実際には国連委任は発出されなかった）。

同盟関係への配慮はアフガニスタン戦争で決定的要素だったが、イラク戦争ではサダム・フセインが大量破壊兵器を保有しているとされる未確認情報でアメリカ人が騙しにかかっているという感情が重なった。コソボのアルバニア人をセルビア人の手による民族浄化から守るため、人道的観点から軍事介入を実施するという、一九九九年にアメリカ大統領ビル・クリントンが主張したことをシュレーダー首相、フィッシャー外務大臣はそのまま踏襲した。これに対して、ブッシュ政権周辺で主流となった、民主的な国家建設や中東・アラブ世界全体の大規模な変革を志向する新保守主義的な発想に、シュレーダーやフィッシャーは納得しなかった。さらに、ドイツ政府は、アメリカがイラクで泥沼にはまるだろうという印象を抱いていた。このため、二〇〇三年二月にミュンヘンで開催された安全保障会議の席上で、フィッシャー外務大臣は「私は納得しない」とラムズフェルド米国防長官を痛烈に批判したのである。

ドイツがイラク戦争への参加を早々に断念したことで、赤緑政権はアメリカとの関係悪化、および一九四五年以後ドイツ外交が伝統としてきた以下の三つの重要なことを断絶させるというツケを払わされた。まず、これまでドイツが、西側同盟の枠組みにおいて多国間行動に力を入れてきたことである。次に、必要とあらばＮＡＴＯの内部でアメリカとフランスの仲介に走り、そして欧州の同盟国の結束に常に気を配ってきたことだ。二〇〇三年のイラク戦争では、ドイツ政府は早い段階でフランスに肩入れをした。ドイツ政府は、フランスと比べてアメリカに厳しい態度をとり、最終的には、ド・ゴールの伝統を継承してアメリカに対抗するフランスのジュニアパートナーという立場に収まった。そしてドイツの立ち位置が、アメリカの政策の支持者と反対者、具体的には東欧諸国、イギリス、スペインの陣営と、ロシアと連携した独仏という勢力にヨーロッパが分断されることを促した。つまり、イラク戦争を契機に、その後ドイツが国際的な危機に直面した際には、西側の同盟関係に連なる、ということが以前に比べて自明ではなくなったのである（例えば、二〇一一年のリビアへの軍事介入）。

二〇〇一年から〇三年にかけてドイツの外交政策が方向転換した際には、戦略的な配慮よりも政党政治の情勢が重要であった。なぜドイツがチグリス・ユーフラテス川ではなく「ヒンズークシ山脈の麓で」防衛の任につくべきかということに対するペーター・シュトルック国防大臣の言い分は、地政学的な観点からは直接関係がなさそうだという印象を与えた。ＳＰＤのなかに強く反戦を主張する一派がおり、緑の党に至ってはその傾向がさらに強く、アメリカに対してかなり懸念を抱いていたことが決定的要素だった。シュレーダー首相やフィッシャー外務大臣は、コソボやアフガニスタンでの戦争に参加する用意があると表明したことで、連立政権の存続や、自分たちの政治生命までを危機にさらした。一九九九年五月にドイツ北部の町ビーレフェルトで開催された緑の党党大会でフィッシャー外務大臣はコソボ政策に不満を持つ者からペンキを浴びせかけられ、シュレーダー首相は二〇〇一年一一月には、連邦議会での信任投票によってアフガニスタン戦争に賛成する政権の方針を無理矢理承認させることを余儀なくされたのである。

コソボ、アフガニスタンのあとも、シュレーダーとフィッシャーのコンビは、ドイツの戦争参加の是非をめぐる流れに新たな一ページを刻んだ。平和主義志向が強い彼らの出身政党において、イラク戦争のような、はなはだ疑わしい根拠で再び軍事介入への同意をとりつけることができるのか、首をかしげざるをえない状況であった。そこでシュレーダーはこの状況を自分なりに理解して、政策的に攻勢に出ることを決断した。つまり、イラク戦争への「否《ナイン》」を、連邦議会選挙でのライバル、ＣＤ

U／CSUの首相候補であるエドムント・シュトイバー（バイエルン州首相）への対抗手段として用いることにしたのであった。二〇〇二年の夏に、反米的な色合いがどうしても濃くなる選挙演説において、シュレーダーは外交政策における「ドイツの道」を提唱した。それは実力行使ではなく交渉を基本とするものだったが、有権者に強くアピールすることに成功したのである。長期にわたり世論調査で野党の後塵を拝していた与党は、薄氷の差で連邦議会選挙に勝利した。SPDとCDU／CSUはともに得票率では三八・五％、得票数ではわずか数千票の差であり、緑の党が八・六％、FDPが七・四％の得票率という結果となった。

シュレーダーが戦争を拒否したことで得た好意的な反響は、軍事介入に踏み込んだ政策からドイツ外交が転向した深因を示している。なぜなら、メルケル首相に交代した後も、ドイツ政府は軍事的に節度ある方針を堅持したからである。冷戦が終結して、ドイツとヨーロッパに対するアメリカの戦略的関心は薄れ、さらにドイツ人がアメリカ支配を受け入れ、それどころか歓迎する本質的な動機も消滅したのである。アメリカの「軍事的な庇護」が存在し続けることは自明のことと考えられた一方で、反米主義というものは旧東ドイツでは国の教義としてまんべんなく浸透し、旧西ドイツでも（右翼でも左翼でも）様々な形で密かに存在していた。NATOの結束力は弱体化しており、アメリカでもヨーロッパでも、NATOへの無関心や無理解が頭をもたげていたためである。

歴史も同様にここで大きな役割を果たしている。ドイツでは、第二次世界大戦による荒廃とドイツ人による戦争犯罪が集団の記憶のなかで突出した位置にあることから、戦争と平和への問いは、道徳や歴史において特に強い下支えを必要とした。フィッシャーがコソボ紛争への参加を、ナチスによる大量虐殺への責任を引き合いに出して正当化したのは必然であった。「戦争を繰り返すな」という合言葉から「アウシュヴィッツを繰り返すな」が生まれてきたのである。一九九九年から二〇〇三年にかけて、議論の軸が動いた。ドイツ人の多くがイラクに目を向けたとき、もはや自分たちが加害者であった過去は考えず、戦争の犠牲者、特に空襲や爆撃の犠牲者の苦しみを想起している、と国外からドイツを観察している人々は感じたのである。イギリスやフランスは、中東や北アフリカでの戦争を「帝国の小さな戦争」とみなしていたが、ドイツは「アウシュヴィッツやドレスデン」〔一九四五年二月、連合軍はドイツ東部ドレスデン市に大空襲をおこなった〕と結びつけていた。このような独自性ゆえに、ドイツ外交政策の「正常化」について語るのは早計であった。シュレーダーとフィッシャーの政策は、アデナウアー、ブラント、コールに比べて「より成熟していた」わけではなく、国際政治、国内政治ともにその前任者たちとは異なった条件下で政策を遂行したにすぎない。これは、ドイツ人が「西側」に到着したと思ったその時点に、行動の枠組みとしての「西側」が消え去ったという事実からも説明できよう。

4　「ドイツ・モデル」との決別

赤緑政権は、イラク戦争に反対する立場をとることで広く国民より支持され、二〇〇二年夏にドイツ東部の広範な地域で発生した洪水に対してその危機管理能力の高さを証明したが、二〇〇二年の選挙は薄氷の勝利となった。その原因はドイツ経済が示した鈍い成長率と高い失業率であったが、これらは周期的な景気の波から起こり、恒常的な現象へと発展したものであった。「ドイツ流」に関する諸課題の構造的原因に関する論議は一九八〇年代にさかのぼる。それは、充実した福祉、高い法人税、労働市場の厳しい規制が、どれも他国に比べて抜きん出ていたからである。一九九〇年以降、東西ドイツ統一がもたらした財政負担が要素として加わったが、その一部は無償給付で、主には社会保障制度による支出が原因だった。一九九九年以降は、ドイツマルクがユーロに統合されることによって為替レートが高止まりし、輸出に不利な体制になったことがさらなる圧力となった。主にデジタル企業が誕生することで後押しされた景気向上の機運は、投機バブルであることがわかった。伝統的企業、銀行、保険会社の集合体、いわゆる「ドイツ株式会社」は、これらの企業をグローバルな資金市場から保護していたが、国際金融市場が拡大するなかで、「ドイツ株式会社」は「安定の錨ではなく、近代化にブレーキをかけるもの」と見られるようになっていた。

二一世紀のはじめ、ドイツは国内外で「ヨーロッパの病人」と評判だった。当初、赤緑政権内では、この閉塞状況をどう処理すべきかについて方針が不一致であった。財務大臣のSPD党首ラフォンテーヌは、内需活性化のための公共投資（特に教育と各種インフラ）をおこなうケインズ主義的な政策を主張した。赤緑政権が発足したときに、すぐに前政権がおこなっていた労働・社会政策の改革（解雇保護の制限から悪天候手当の廃止に至るまで）の修正に着手したのは、彼の存在ゆえ、と一般的に理解されている。国際面では、EU域内での税の均衡（他国での事実上の増税）を提唱し、さらに景気活性化のために欧州中央銀行に金利を引き下げるようラフォンテーヌは圧力をかけた。このような緊張をはらんだアジェンダにより、彼は手負いとなってしまった。連邦政府内や国際金融の世界でさらに孤立し、一九九九年三月に予想を裏切ってラフォンテーヌは全ての役職から退いた。

この辞職によりシュレーダー首相がSPD党首に、ハンス・アイヒェルが財務大臣につき、SPDや連邦政府のなかでは、市場の力を抑え込むという考えを持つ勢力にかわり、これを利用しようという人々が台頭した。アメリカのビル・クリントンの「ニュー・デモクラット」やイギリスのトニー・ブレアの「ニュー・レイバー」とは違い、ドイツの赤緑政権には、市場主体のしくみへ転換するために参考とする先行事例がほとんどなかった。コール政権下では、イギリスのサッチャー首相やアメリカのレーガン大統領がおこなったような市場競争原理を劇的に導入する改革がほとんどできていなかったからである。当然であるが、SPDは下準備がほとんどないまま、規制緩和の実施に直面したのである。

サッチャーのような強腕による路線転換という選択肢は、拒否権を持つ関係者が多数いたドイツの「交渉」民主主義では想定すらできなかっただろう。一九九〇年代末、SPDがその政策を「より多くの市場」へとシフトさせ、臨機応変な才能のあるゲルハルト・シュレーダーの主導下で市場競争に好意的な政党として装いを新たにしようと試みていたこの時点で、ドイツの同意を基本とする制度においても、より根本的な構造改革が可能になった。経済・社会政策を根幹から自由化する過程は二〇〇二年に突然始まったわけではない。例として、年金制度に民間資金を組み込み、税制改革で企業の最高税率や法人税の引き下げを実施したことなどを挙げておこう。企業が株式を譲渡した際の利益は非課税とされ、これにより、国の財務政策が「ドイツ株式会社」の特徴であった株式の相互保有を解消する条件をととのえ、国際資本市場がドイツ企業へ出資する条件を緩和した。

しかし、赤緑政権第一期の改革は、期待した効果を労働市場にもたらすこともなく、成長を促進することもなかった。インターネットバブルの崩壊後、二〇〇二年末から〇三年はじめにかけて、失業者数は過去最高の四八〇万人に達し、国内総生産は〇・二%減少した。財政赤字は三・九%となり、欧州通貨機構加盟国間で容認されるラインをはるかに超えた。首相府は、国内世論が非常に厳しく、それまでの方針では改善の見込みが少ないと判断したため、シュレーダーと首相府長官であるフランク・ヴァルター・シュタインマイヤー以下のブレーンたちは、「前方への逃走」を決断したのである。

二〇〇三年前半の数カ月のあいだに、史上最も根幹的な改革プログラムが展開された。「アジェンダ2010」と名づけられたこの一連の方策は、社会福祉政策や労働市場政策の潮目を変えた。それは、福祉国家、労使関係、団体調整的要素を独特に組み合わせた「ドイツ・モデル」を将来への指針とすることとの決別を意味した。

アジェンダの中核は、より多くの失業者をより迅速に正規雇用に復帰させることを目指した改革であった。このために、失業手当の支給期間は三二カ月から一二カ月（五五歳以上は一八カ月）に短縮された。また、失業給付と社会扶助がいわゆる「失業給付Ⅱ」に統合され、それまでの社会扶助の最高水準額をその上限とした。さらに、解雇保護の条件緩和、労働協約の柔軟化、多分野にわたる手工業マイスター制度義務の廃止、高齢者パート就労促進制度の拡大などが実施された。また、政府は所得の少ない就労形態（僅少労働、いわゆる「ミニジョブ」）や、失業者による個人起業を推進した。連邦雇用庁は、サポート力のあるジョブセンター網を持つ近代化されたサービス提供体に生まれ変わり、派遣労働分野も拡大されることになった。

CDUが要求したのは、与党が想定した範囲外のものである。二〇〇三年秋にライプツィヒで開催された党大会で、法定健康保険への掛け金を給与と連動させないことを提案し、経営者の分担分減額を狙った。また、介護保険を積立式に変更すべきとした。さらに、CDUは解雇保護の大幅な緩和や、派遣・パートタイム労働のさらなる柔軟化、そして、税法の簡素化を要求した。二〇〇五年におこなわれた連邦議会選挙後、CDU／CSUとSPDによる大連立政権が成立し、首相となったアンゲラ・メルケルは当初改革を継続したが、SPDの副首相であるフランツ・ミュンテフェリング労働社会大臣との合意の上で、年金支給開始年齢を段階的に六七歳までに引き上げた。このことにより「アジェンダ２０１０」が完成したと言える。

経済から見て、労働市場と社会保障を劇的に改革するというシュレーダーの決断は成功へとつながった。社会福祉国家の削減とドイツ労働市場の柔軟化は、二〇〇五年頃を境に顕著となった競争力の向上、生産性の上昇、失業率の低下に決定的な影響を与えた要素である。わずか数年のうちに、「ヨーロッパの病人」は再びヨーロッパ経済の牽引車へと変身を遂げたのである。ドイツの社会福祉政策は「アジェンダ2010」によって取り壊されたと評論家は解説するが、それは誤りである。むしろ、その中核部分を維持することを目的として環境の変化に適応させられたのである。その証拠に、ドイツはいまだ世界のなかでも社会保障が充実したトップクラスの国の一つに数えられる。

政治的に見れば、シュレーダー首相は党の利益よりも国の行く末を優先した。ただし、SPDの支持者は、環境の変化による負担を全面的に背負う羽目になった。他のEU諸国で賃金が上昇する一方で、ドイツの被用者は頭打ちとなり、それどころか下げられることもあった実質所得に甘んじて働くことを強いられた。旧東ドイツでは、このことに対する憤懣がことのほか強かった。というのも、一九九〇年代の東西ドイツ統一による激変からわずか数年しか経っていないときに、第二の変化の波が、「資本主義化の衝撃」に苦しんでいた人々を襲ったからである。東ドイツの崩壊から一五年後、再び月曜デモが実施され、旧東ドイツ（地域）の街頭や広場に何万人もの人々が集結した。しかし、低賃金の分野が拡大し、旧西ドイツ全体、特にずっとSPDを支持してきた人々のあいだでも、生活の不安や社会的下降への懸念が広がっていった。そして、労働組合は社会民主主義から離反した。その結果、PDSは、それまでは旧東側の政党にすぎなかったが、怒りに狂う労働組合や、この状況を甘受できない社会民主主義者、旧西ドイツの伝統的左派が合流し、旧西ドイツでも地歩を築くことに成功した。二〇〇七年に「左翼党」という名称で正式に政党となり、二〇〇五年の連邦議会選挙では、元SPD党首のオスカー・ラフォンテーヌが旧東ドイツ出身のグレゴール・ギジとこの党のダブル首相候補として選挙戦に出馬したのである。

第六章　グローバル化とその限界——二〇〇八〜二一年

1　不平不満の爆発

二〇〇七年から〇九年にかけ、世界は一九二九年の世界恐慌以来とも言える、重大な金融システム危機の激動に揺り動かされた。金融関係者が目の当たりにしたこの惨状は、見方によっては世界恐慌のときよりも深刻でおぞましいものだった。世界中の大手銀行の多くがほぼ同時に破綻寸前に追いやられ、その間にグローバルな資本循環や金融サービスが完全に麻痺する可能性があった。信用収縮は急激に実体経済にも波及した。二〇〇九年の先進国の国内総生産（GDP）は二〇〇八年比で三・四％減少した。ドイツでは、まず中小企業銀行のIKBを先頭に、その後、ミュンヘン・ヒポ・リアル・エステート、そして商業銀行二位のコメルツ銀行までが経営難に陥った。特に、州の監督下で各州の貯蓄銀行業務等をおこなっている州立銀行がこの混乱に激しく巻き込まれた。二〇〇八年第2四半期以後、ドイツの輸出は三分の一以上の減少を見せ、特に機械産業や自動車産業の分野でそれが顕著であった。国内総生産は五・六％減少し、(西)ドイツ建国以来最も深刻な経済的打撃となった。

この危機はアメリカの住宅融資市場をめぐる問題に端を発していたが、英米の資本主義が抱える問題がヨーロッパに輸出されただけではない。むしろ、二〇〇七年以降、国際金融市場がどれだけ密接に絡み合っているのかが明白になってきたのである。アメリカの銀行と並んで、ドイツ銀行に代表されるヨーロッパの銀行もまた、いわゆるサブプライムローンから利益を上げていた。このサブプライムローンとは、資産や十分な所得のないアメリカの顧客に抵当権を設定した持ち家を購入させ、非常に複雑にした金融商品のなかにリスクをこっそり仕込ませた商品である。このような商売のやり方は、銀行業務をデジタル化した技術革新によって容易になった。政治面から見れば、二〇〇〇年代にはすでに欧米の各国政府が、金融機関の経営状況を改善するために我先に銀行業務の大幅な規制緩和に走ったことが、このような商売を可能とした。それ以来、アラブ諸国からのオイルマネーに限らず、欧米諸国で高齢化社会の出現に伴う貯蓄の増加によっても膨れ上がったグローバル金融資本は、最も条件のよい投資の機会を求めて自由に移動するようになった。グローバルな金融の世界は、柱や壁を取り払った大きな建物のように、強風が吹くとすぐに倒壊しそうなほど脆弱になった。アメリカで不動産価格が下落し始めたとき、この嵐は突然始まったのである。

ドイツが他国に比べ世界金融危機をうまくやり過ごしたことには、いくつか理由がある。例えば、ロンドンのシティという金融の重要拠点を擁するイギリスや、アメリカ企業がユーロ圏における橋頭堡としたため、他の経済分野に比べて肥大した金融業界を持つアイルランドとは違い、ドイツは製造業に比して金融業の持つ意味が相対的に低いことを挙げよう。ＦＲＢは世界金融市場の流動性を回復させ、ドルの優位性やアメリカの株式市場の地位を守るために巨額の資金を金融システムに投入したが、ドイツの銀行はそのことにより利益を得た。自動車産業と機械産業に代表されるドイツ輸出産業は、特に中国の国家資本主義が危機回避の手段とした、分不相応とも言える大規模な財政出動に加担した。これに比べると、ドイツ政府の救済はかなり地味なものだった。例えばいわゆる環境対応車購入助成で自家用車の購入を奨励したり、どうしても必要な熟練労働者に短時間手当を支給して景気が落ち込んでも企業につなぎとめておく、といった類いのものである。だが、こうしたドイツの救済策はドイツ経済の需要に的確に応じたものだった。また、赤緑政権が着手した労働市場改革が次第に軌道に乗り、またユーロ安でドイツマルク時代よりも為替の面で有利な状況になったことが輸出をさらに加速させたこともこの状況の一助となった。これらの要因の相互作用により、ドイツはその後二〇一八年まで、大きな輸出黒字、低失業率、堅調な経済成長率を伴う経済発展を遂げ、その結果、超低金利で国家予算を健全化することさえできたのである。

一九五〇・六〇年代、あるいは一九八〇年代後半の経済発展が好調だった局面とは異なり、二〇一〇年代は輸出による好景気にもかかわらず社会において先行きを楽観する雰囲気はなかった。それどころか、イライラした不機嫌さ、押し殺された怒り、心の底にある喪失への恐れが混交した雰囲気に支配されていた。旧東ドイツ地域で市場への信頼というものはまだ確固たる根を張っていなかったが、世界金融危機はこれを揺るがした。また、この危機により世界規模のバリューチェーンや国際金融システムを持つ、密接に絡み合った世界経済の影の側面が注目された。この経済のなかで銀行は巨額の公的資金注入により救済され、経営者は莫大な報酬を受け取る一方で、労働者の給与の伸びは緩慢で、中間層はさらなる圧力にさらされていた。グローバル化の時代は、決して共産主義や資本主義の先にある新しいポストイデオロギー時代を意味するのではない、という印象はいよいよ確固たるものとなった。グローバル化という言説自体が、一九九〇年以後の急激な変化を定義し、かつ特定の方向性に変化することを促し、あるいは違う方向へ向かうことは阻止するという、それ自体がイデオロギーや利害関係に基づいたものであったのである。

ジャーナリストや社会学者によるドイツ社会の分析から楽観的色彩が消え去った。その代わり「究極の個人主義社会」という不安をかき立てる総括がなされた。これは、急激な環境の変化に直面する人々の多くが抱いていた、社会で落ちぶれていくことへの恐れによるものである。それまで数年間にわたる新自由主義によるダメージは社会の紐帯を弱体化し、どんな変化にもアレルギー反応を示すエゴイズムを社会のど真ん中に出現させた、という分析が広まっていた。「怒る市民」という言葉は二〇一〇年の流行語大賞となった。ドイツ南部シュトゥットガルト中央駅を法外な予算で改築するという計画に反対した人々は、二〇一〇年の秋に一部暴力も伴う抗議活動をおこなった。この活動に参加したのはごくごくふつうの中年の市民であり、血気にはやる若者が暴れたわけではなかった。これは不吉な予兆となった。二〇一〇年代が進むにつれ、「ベルリン共和国」を語る際に見られる言外の意味も変化するようになった。ベルリンには「堕落した」というレッテルが貼られ、一般市民の日々の生活からますます乖離した政治やマスコミ関係者の生活や仕事の場ととらえられた。

これと並行して、政治の傍流とも言える場所で過激化したものがある。アメリカの「ウォール街を占拠せよ」に端を発した勢力は、投機や社会的不平等に反発して生まれてきたものだが、二〇一一年秋時点は、ドイツではデモや欧州中央銀行の周りに無数のテントを設営する程度で、平和的に事態は進んだ。これに反して二〇一七年のG20ハンブルク・サミット開催時や、ライプツィヒのコネヴィッツ地区で暴力的な抗議活動が見られた。特にライプツィヒでは左翼オルタナティヴ団体がバリケードを築き、警察官を襲撃し、路上で破壊行為をおこなったのである。一方で右翼は人種差別や外国人憎悪に突き動かされた抗議行動や暴力行為へと走った。一九九〇年代のはじめには外国人憎悪に端を発した暴力事件や破壊行為が発生した。それは旧東ドイツにとどまらず（一九九一年のザクセン州ホイヤースヴェルダや一九九二年のバルト海沿岸の町ロストックのリヒテンハーゲン地区での事件）、旧西ドイツでも一九九二年に北部メルンで、一九九三年には西部ゾーリンゲンでそれぞれ殺人事件が発生した。その後、急進的な右翼勢力は、ドイツ最大の暴力的な集団へと成長し、それを背景に数多くの暗殺事件が発生した。

極右テロリストであるベアーテ・チェーペの裁判が、二〇一三年にミュンヘン高等地方裁判所で始まった。国家社会主義地下運動（NSU）は二〇〇〇年から一一年までに強盗、爆破事件、殺人事件に手を染めた。これらの事件により警察官一人と九人の市民が殺害されたが、チェーペは犯行に関与した三人のうち、唯一の生き残りである（二人は二〇一一年に自殺した）。NSUを直接支援していた人間は比較的少数で、約二〇〇人と推定されている（そのなかには憲法擁護庁の潜入捜査官も含まれる）。だが、中東からの移民に反対するスローガンを使えば、もっと広範な人々を動員することが可能であった。それは、二〇一四・一五年に数千人から数万人の人々を集めた、「西欧のイスラム化に反対する愛国的ヨーロッパ人」（ペギーダ）のデモからも容易に理解できる。外国人が増えることに対する抗議が旧東ドイツの各州で共感を得たが、それは旧西ドイツに比べて旧東ドイツが「ドイツ」的伝統を守ってきたことの遺産とも言える。しかし、ドイツ統一時にその生活環境が激変し、さらなる変革に不安感を抱く人々の拒絶反応だった、と言うこともできるだろう。

特に、ドイツでイスラムの教義が誤解されて多くの人が殺害されたため、一連のイスラム教徒による暴力事件に対する防御反応とも言える姿勢が強まった。二〇一六年一二月一九日、ベルリン記念教会の周辺で開かれていたクリスマスマーケットに集まっていた群集にチュニジア出身のアニス・アムリがトレーラーで突っ込むという事件を起こした。これにより一一人が死亡、六七人が負傷し、重傷者も出た。アムリをはじめとしたこのような襲撃事件の犯人は、身の振りどころがわからず、心に闇を抱えた若者たちだった。彼らは麻薬や犯罪に手を出し、その多くがもともと難民であったりした。そのため、イスラム教の教義に、生きるための意味や露骨に暴力を振るうことを正当化する口実を見出していた。

社会の二極化が進み、不安定で暴力が横行する現代が抱える問題とは、過去をどう解釈するのかということにも影響してきている。楽観的な「成功の歴史」という言説とは対照的に「不安が支配するドイツ」という悲観的で感情に揺り動かされた心的負担感という歴史の考え方が研究の俎上に上がってきた。社会が二極分化していくプロセスが「ヴァイマル共和国の事情」と類似しているのではないかという指摘により、ヴァイマル共和国の運命への関心が高まった。同時に、左派右派双方から資本主義に向けられた新たな批判は、一九四五年以降の（西）ドイツで万人が信じて疑わなかった社会的市場経済の持つ機能を狙い撃ちし、その社会的分配と社会の紐帯を提供する能力を疑問視した。フェミニスト歴史学の一派は、家族や経済といった領域に加え、文化活動においても家父長的な構造が見られると糾弾した。ドイツへやってくる移民については、冷戦時代のヨーロッパや大西洋諸国のみを意識していたことと比べると、十分に議論されておらず、加えて、ドイツはその植民地の歴史について清算すべきだという意見は大きくなってきている。東西ドイツが統一して三〇年以上が経過し、ドイツの「東西分断」は日々激しくなっている。中年にさしかかった世代の旧東ドイツ出身の歴史家や社会学者たちは、ドイツが統一した一九九〇年という時代の転換点を補助線として、自分自身（やその両親たち）の人生の経験を、没落した東ドイツ社会において落ちぶれていくことやその人生の価値そのものが切り下げられた、という大きな文脈のなかに位置づけ始めたのである。

2　ヨーロッパの危機

このように示された歴史解釈が断片化していくなかで現われた方向感覚の喪失は深刻だった。それは同時にヨーロッパという「大きな物語」も危機的状況に陥っていたためである。二〇〇〇年代半ば以降、多くのドイツ人の予想に比べて欧州統合のプロセスが一筋縄ではいかず、継続性に欠くという印象が強まっていた。コールやゲンシャーは通貨統合が政治統合を生むことを切望していたが、現実はそうはならなかった。早くも二〇〇〇年五月にはヨシュカ・フィッシャーがフンボルト大学で欧州憲法を念頭においた演説をし、ヴァレリー・ジスカール・デスタン元仏大統領が議長を務めた「欧州の将来に関する諮問会議」は、二〇〇二年二月から〇三年七月にかけて開催されていたが、この会議は憲法制定への突破口とはならなかった。というのも、二〇〇五年春に実施されたフランスとオランダの国民投票でＥＵ憲法条約の批准が否決されたためである。その後、二〇〇七年にＥＵ加盟国がすったもんだの末なんとか合意に達したリスボン条約は、欧州憲法条約の代替物に逆戻りしたものであったが、同時に遠い目標だった欧州連邦の実現に近づく一歩を踏み出したことも意味していた。加えて、加盟国間の政府の垣根を越えた協力が今後もＥＵにおける政策方針を左右することが明白になった。

この事実が決定的な重みを持っていたことは、二〇〇八年から〇九年にかけて起こった世界金融危機で、欧州各国政府がアメリカに比して対応に遅れをとり、決然と対処することができなかったことを鑑みれば当然である。通貨統合が始まって数年は、それぞれの加盟国で事情が異なっていた。それまで弱い通貨の国は低金利の恩恵を受けたが、それらの国全てが金利負担の軽減を利用して国家債務の削減をおこなったわけではない。その結果、世界的な不景気とその付随コストにより赤字が爆発的に拡大した。その一方で、ドイツでは、赤緑政権が労働市場と社会福祉の改革を実行したが、その後継の大連立政権は、救済プログラムと国家予算の債務ブレーキ制度を組み合わせ、堅実な公共投資政策にできるだけ早く復帰しようとした。その期待に反し、ユーロ圏各国の経済モデルはうまくかみあわなかった。それどころか、通貨同盟各加盟国の競争力や将来の方向性はちぐはぐになっていった。

また、ユーロに対して執拗に不満が述べられたことは、ユーロの持つ問題の原因に対する可能な解決策や望ましい将来像、これら全てに関する合意を得られなかったためだ。それは加盟各国が事前に抱いていた考え方があまりにも異なっていたことに起因する。ドイツの連邦制の伝統は、あまりにも多様な国家群において揉めごとを解決する枠組みを考えたとき、常に参照すべき模範像と考えられていた。一方、フランスの中央集権的伝統は、共通利益のために行政に柔軟性や実行性を与えようとするものだった。ドイツ経済学のオルド自由主義学派は、責任という原則を重視していた。一方、フランスの考え方では、「強者が連帯して弱者のために」という革命調のスローガンが依然、決定的な役割を果たしていた。フランスの経済学者は、銀行や国家の債務は一過的な流動性の問題であり、国家の介入によって克服できると理解していた。一方、ドイツのエコノミストは、銀行や国家の債務履行能力を疑問視する傾向が強かった。その結果、経済危機に際してはまったく正反対の提案がなされた。ドイツ側は行動を根本から変えようとする緊縮策を提案し、フランス側は流動性の問題を悪化させ、実質的な債務超過をもたらすような急激な介入に反対した。英米の経済学者も、銀行の責任問題はあまり注目せず、危機が起こった場合は国家による活発な介入を求めていたため、ユーロ危機の争点に関してはフランスに近い立場をとっていた。

このような考え方の相違により、ユーロ圏内で債務超過国を一時的に脱退させる規則にも、財政同盟や銀行同盟で通貨同盟の脇を固めるという点についても意見が一致しなかったのである。合意形成や行動力のある制度的秩序に欠いたまま、ユーロ危機は長引き、EUの存在自体に大きな挑戦を突きつけるもう一つの課題が生じることになった。それは、アフガニスタンの首都カブールからモロッコの都市カサブランカに至る地域からの大量の難民の発生である。この広大な地域において国家や社会が崩壊する過程の原因は、長い歴史を持つ近代化の危機や宗派間の緊張関係や、二〇〇一年以降にアメリカがアフガニスタンやイラクでおこなった戦争の結果、さらには二〇一〇年以降にアメリカやヨーロッパが扇動しながらその後放置したリビア、エジプト、シリアなどに発生した「アラブの春」などであった。さらに、サハラ以南のアフリカにある貧困地域からの移民という要素も加わった。この人々は、密航斡旋業者によって大規模に南地中海岸に連れてこられ、そこからほとんど外洋の航行に耐えられない船でヨーロッパに向けて出航した。北西アフリカ諸国の秩序が崩壊していたため、このような出来事が起こったのである。

バルカン半島やイタリアを経由して北上する難民の群れがこぞって目指したのはドイツであり、その結果ドイツは二〇一五年・一六年の欧州難民危機の中心的存在となった。二〇一五年だけでも統計の取り方にもよるが九〇万人から一二〇万人の難民がドイツに向かったが、それにはいくつかの理由がある。まず、多くの東中欧諸国とは事情が異なって、ドイツにはすでに様々な国籍の大規模な移民コミュニティが存在しており、そこで新たにやってくる難民も社会的なつながりを見つけることができた。また、ドイツの社会福祉制度が他国と比較して整備されており、どこよりも充実した物質的支援を期待できた。最後の決め手は、二〇一五年の秋から冬にかけ、メルケル首相を陣頭にドイツ社会や政治が示した、難民を心から歓迎する（そして多くの場合、迎え入れた）「歓迎文化」が影響したことであり、難民にはドイツが魅力的な国に見えたのである。

二〇一五年から一八年にかけて、ドイツが受け入れた難民は、ギリシアやイタリアも含んだＥＵのどの国よりも多かった。特にギリシアとイタリアをここで挙げたのは、難民の大多数がまず踏むヨーロッパの地がこの両国であり、定められている規則に従えば、難民はそこにとどまらなければならなかったためである。シェンゲン協定加盟国は一九九〇年にアイルランドのダブリンに集合し、難民申請を出すには、申請者がシェンゲン領域に足を踏み入れたその場でしなければならない、という点で合意した。ドイツが多数の難民を受け入れることに積極的だったのに対し、他のＥＵ加盟国が同じような姿勢を示さなかったことは問題だった。二〇一五年九月、ドイツ政府はシェンゲン協定諸国を経由してやってきた難民を受け入れるために、協議をすることもなく一方的にダブリン規約を停止したことでＥＵ内で孤立することとなった。また、一定の割合で全ての国が難民を引き受けるよう他国に政治的圧力を試みたことが、根深い反発を招いた。ドイツでは、難民危機は人道上の問題とみなされ、他国では、より厳密に定義された国益が優先されたのである。

欧州難民危機の最も深刻な副産物は、イギリスのＥＵ離脱だった。ブレグジットは、イギリスの国内政治、特に保守党における欧州懐疑主義が高まったことにその起源をさかのぼる。しかし二〇一六年の春から夏にかけて、難民危機を背景に争われた国民投票では、移民・難民問題が論争の中心になっていた。難民問題においてＥＵ自らが招いた想像を絶する困難は、同じようにイギリスでも表面化していた。離脱賛成派は、一部の国が自国の、さらにはヨーロッパの国境を守るための制御を喪失させたという印象を与えることに成功した。多くのイギリス人はドイツの歓迎文化を、政治上の降伏宣言と同じであると解釈した。ドイツは「頭がおかしくなったヒッピー国家」という悪口が公然と流布し、また、「美徳のひけらかし」という非難も出てきた。これは、本来受け入れることができないほど多くの人々を呼び寄せることは究極の不道徳である、という意味を持っていた。

イギリスでの国民投票の結果が拮抗していたこと（五二％対四八％）に、難民問題がどのような影響を与えたのか、これが正確に解明されることはないだろう。一方で、ブレグジットがＥＵに与える影響は甚大だった。当初一部の人間が懸念したことに反して、これが前例となり他国もＥＵ離脱をすることにはならなかったが、欧州統一の動きを混乱させたことはまちがいない。ＥＵ統合は不可避である、という楽観的な考えがブレグジットによって消え去った。ＥＵは参加が前提の集団だったが、いまや脱退もそのオプションとなったのである。さらに、EU理事会の力関係も変化した。ドイツやイギリスを中心とした規制主義・自由主義的な国々と、保護主義・介入主義を志向する国々との均衡が崩壊したのである。EUは、経済と財政に限定し、南欧・西欧に偏在する、より狭いユーロ圏になる方向に大きな一歩を踏み出した。そして、それまで主にイギリスが担っていた予算規律と支出制限の番人の役割は、オーストリア、オランダ、デンマーク、スウェーデン、フィンランドなどの小国のグループに引き継がれたが、これら各国は、イギリスのような経済的・政治的な推進力を欠いていた。EUにおけるドイツ陣営にとって、ブレグジットは逆説的な結果をもたらした。縮小したEUにおいてドイツの比重が相対的に大きくなった一方で、そのことによりドイツの影響力に対する懸念も高まった。二〇一〇年以降、ヨーロッパにおいてドイツが新たな覇権を手にするのでは、と警告する声が高まったのは決して偶然とは言えない。

3　メルケル首相の手法

赤緑政権を引き継いだのち、CDU出身のメルケル首相が一五年間を越えてドイツの国内政策を取り仕切った。同党出身の歴代首相はドイツ連邦共和国の歴史を彩ってきた。一九四九年から二〇二一年までの七二年間のうち、CDUは五二年間連邦政府与党の座にあった。しかし、アンゲラ・メルケルが長年にわたって党首や連邦首相を務めることも、CDUが二一世紀にまで与党であり続けることも、浅薄な判断をする人々にはありえないことだ、と思われていた。ＣＤＵの選挙基盤をなすカトリック層は、すでにかなり以前より教会へのつながりが薄れており、もはや崩壊の危機にあった。伝統的・キリスト教的価値観は、好ましいものとは受け止められなくなっていた。また、ＦＤＰと連立を組んだとしても、ＣＤＵは過半数を超えることはほとんど不可能だった。東西ドイツ統一後、政党の布置状況は多様化し、全体としては大きく左傾化していた。一九五〇年代には、アデナウアー首相が連立交渉をおこなう場合、中道よりも右寄りに選択肢があった。だが緑の党、そして左翼党が安定した政党となった後に、連立相手としては中道左派の選択肢が増えた。二〇一三年以降、ＡｆＤがＣＤＵ／ＣＳＵの政治的右寄りに位置する新勢力として登場したが、この党は他党から連立の交渉相手とみなされず、またＡｆＤ自身も政権を担うことを考えていなかった。その結果、二〇一三年以後も政党の構図は根本的に変わることはなかった。

アンゲラ・メルケルが一五年以上かけてＣＤＵの党首、そして連邦首相へと登りつめたことは、このような逆境下でＣＤＵが優位を維持し続けたことと併せて、いずれも理解に苦しむことである。経済的に脆弱な旧東ドイツの北東地域出身、東西ドイツ統一を契機に三五歳ではじめて研究者から政治家へ転身した彼女には、政治家としてのキャリアを積むために必要なものがほとんど欠けていた。具体的には、党内基盤や人間関係、地元組織のバックアップ、政治家の世界のしきたりを熟知していること、自らが属する陣営の基本的政治理念への勘どころ、大衆を熱狂させるような演説、選挙戦で見せた徹底的に闘う姿勢など、彼女は何も持っていなかった。メルケルがこれらの欠点を埋め合わせることができたのは、ライバルの弱点を鋭く見抜く力や自分がどう出世できるのかを冷静に計算する力、賭けに成功するタイミングを見極める嗅覚のおかげである。多くのドイツ人には、メルケルの気さくで押し出しの強くない態度が、シュレーダーやコールのうぬぼれた高飛車な振る舞いとは異なっているように思えた。淡々と職務をこなす謙虚な姿勢がメルケルのトレードマークとなった。

一九九九年に起こった献金疑惑でCDU／CSUが危機的状況に陥り、その後しばらく野党であることを強いられたが、これがメルケルの出世にはプラスに働いた。この状況下で、しがらみから解き放たれた再出発の可能性が重要だと考える人間が多く、メルケルの存在はその象徴であるように思われた。そのため、彼女が政治家として当然備えているべきものを持たないことはさほど重視されなくなっていた。当初、メルケルの勢いの源泉は政治で何を達成するのか、よりもCDUの評判を地に落としたヘルムート・コールの「旧体制」から党を解き放つ、と公約したことにあった。CDU幹事長の座にあったメルケルは、一九九九年年末にコールと距離をおき、彼の後継者と目されていたヴォルフガング・ショイブレを愚弄するような新聞記事を発表した。ショイブレはコールの長年にわたる腹心で一蓮托生であり、この党のスキャンダルから免れることは不可能であった。それだけにメルケルのこの対応は大胆ではあるが緻密に計算されたものと言える。こうして長い間「コールの娘」と呼ばれたメルケルの党首への道の背景には、党において多数派意見がどこにあるのか、どのように世論を味方につけることができるのか、こういったことを最終的に決断できるまで、じっと待つ技を、政治上の「父」から学んでいたことがある。だからこそ、メルケルがコールから離反したことは注目されたのである。

だがよく考えると、コールとメルケルのあいだの相違と同様に共通項も重視すべきであることがわかる。コールは、自身の政党に所属するのが運命であったかのような意識を抱いていた。彼にとっての政界とは、キリスト教民主主義者と自由主義者の派閥、そして左派の派閥から成り立っているものであった。メルケルにとってCDUは道具であり、政治派閥という考え方は彼女になじまないものだった。メルケル首相にとっては、友人や敵などという考えはなく、あくまでも手を組むべき（あるいは少数ではあるが組むことができない）パートナーがいるにすぎなかった。このことは、有力な政党が増加する状況のなかで、メルケルの行動において選択の余地を拡大することとなった。一九七六年にコールは四八・六％もの票を獲得したが首相の座は逃した。一九九四年の選挙は、コールが最も僅差で逃げ切ったものだったが、得票率は四一・四％であり、メルケルが臨んだ選挙で最高の得票率だった二〇一三年の選挙とほぼ同数だった（四一・五％）。二〇〇五年以降、どの選挙でも、CDU／CSUの得票率は四〇％どころか三〇％あたりにとどまっていた。得票率の低迷にもかかわらず、CDU／CSUの首相が一貫してその座にとどまったのは、シュレーダーが掲げた「アジェンダ2010」をきっかけに左派陣営が内部分裂したことも確かに理由の一つと言える。このような事情でCDU／CSUが「最後の国民政党」としてメルケルを首相に戴くことが可能となった。彼女が連立相手を見つけ、反メルケルの陣営が結成されない限り、メルケルの首相の座は安泰だった。

メルケル首相率いるCDU／CSUは二〇〇五、一三、一七年とSPDと連立を組み、社会・家族政策、最低賃金の導入、シュレーダー首相が着手した改革のいくつか（失業給付Iなど）を部分的に撤回することや、年金支給年齢を六七歳から六三歳へ引き下げるなど、社会民主主義の色彩が濃い課題がその後の政策の要となった。このようにＣＤＵ／ＣＳＵが左傾化したことは、メルケルにとっていろいろな点で有益であった。選挙戦では、政敵との論点を消滅させることで、自陣営の支持者の志気を高める戦略を可能にした。メルケル首相は総じてマスコミ受けがよかった。それは、マスコミの左派リベラルがメルケル首相の政策に好感を持ち、他方保守リベラル派はメルケルがＣＤＵの党首であることから批判に消極的だったためである。さらに、世論調査や連邦選挙でこの連立政権が成し遂げた社会民主主義的な成果の恩恵にあずかったのは、当のＳＰＤではなく、メルケルのＣＤＵ／ＣＳＵだったのである。

この状況の行き着いた先は、左派方向に地殻変動していた政党の布置状況のなか、ＣＤＵの政策が社会民主主義寄りになり、新しい連立の組み合わせの可能性が拡大したということだ。メルケル体制下では、それまで定番だったＣＤＵ／ＣＳＵとＦＤＰの連立に加え、緑の党との連立可能性が出てきたのである。メルケルの「首相の通信簿」を見れば、内容的にもあるいは現実政治の観点からも緑の党こそ理想的なパートナーであった。それが実現しなかったのは、メルケルにとって皮肉としか言いようがない。二〇一三年の選挙でその機会が生まれたが、緑の党左派が抵抗したことで失敗し、二〇一七年選挙では三党連立が過半数確保の大前提となり、緑の党はそのために必要とされながら、自らの立ち位置から存在感が薄れることを恐れたＦＤＰが難色を示し、またもや連立は頓挫した。もちろんそれ以前から、メルケルとFDPとのあいだに緊張関係がなかったわけではない。大連立は比較的うまく機能していたが、二〇〇九年以降のFDPとの連立には数々の諍いが生じた。その原因は、FDPがCDU／CSUの半分近い規模（一四・六％の得票）となり、おまけのような存在ではなくなったことにある。これだけでも、メルケル首相はFDPの勢力を押し込めたいと考えていたにちがいない。さらに、ギド・ヴェスターヴェレ党首のもと、都市に住む専門職エリートが主流となっていたFDPの若手党員は、プロテスタント聖職者の家に生まれたメルケルにとって、緑の党が持つ世界観やライフスタイルよりも異次元の存在であった。このようなメルケルの印象に決定打となったのは、一九八九年末当時、同盟90や旧東ドイツの市民権運動に関与していた彼女の個人的な経歴であった。

メルケル首相は、前任者シュレーダーのものとした。それは政敵に政策を実施させ、ドイツの協調的民主主義を棚上げにする手法を自家薬籠中のものとした。それは政敵に政策を実施させ、そして自陣営があたかも身動きがとれなくなったかのようにしてしまうことである。野党は、自分たちの本意に近い政策が実現されるため、これに加担した。与党は、自らの優位性が喪失されることを恐れ、あるいは政策の内容よりも政権の成功を重視するために、このやり方を受け入れたのである。コソボへの派兵や「アジェンダ2010」をごり押しする際にシュレーダーはこのやり方を用いた。メルケルは家族政策、兵役の一時停止、エネルギー転換や難民問題への対応に同じやり方で成功を収めた。その結果、メルケル首相は、政策の具体的内容より戦術的な観点や世論調査の数字を気にするのだという印象を世間に与えたのである。コールが政党民主主義を、シュレーダーがメディア民主主義を体現したように、メルケルは世論の反応に追従する政治を体現していた。

政策へのこだわりのなさと柔軟に対応する戦術によって、メルケル首相は彼女の任期の特徴とも言える大きな政治的動乱のなかで、国の舵取りをした。アデナウアーといえば「西側統合」、ブラントは「新東方外交」、コールが「ドイツ統一と欧州統合」、シュレーダーは「アジェンダ２０１０」といった偉大な功績とともに語られるが、メルケルは例外である。その代わりといってはなんであるが、彼女は世界金融制度の崩壊やユーロ危機、難民問題への対応を迫られた。そして彼女はこれらの難題がドイツに与える影響を巧みに逸らしたのである。彼女は政治を合理的で課題解決を目指す行為と考えており、それは危機管理の達人ヘルムート・シュミットの手法に似ていた。だが、合意形成を目指し、他者との協力や妥協を常ににらんだやり方は、シュミットのあからさまな傲慢さとは違うメルケルならではのものだった。この結果、イギリス、フランス、そして特にアメリカが、政治的エリートと不満を爆発させた大衆との対立で激しい混乱に陥ったとき、メルケル政権下のドイツは、安定と信頼の模範となったのである。

メルケルの手法にとってのアキレス腱は、自らの党の方針を骨抜きにしたこと、そしてCDUの固い支持層である保守派をはじめとした多くの党員がフラストレーションを抱え込んだことであった。しかし、これらの人々がさらに政治的に右旋回をすれば極右政党の沼にはまることとなり、結局はCDU／CSUにとどまることを選択せざるをえない。こういったことを背景に、メルケルは政治の賭けに打って出たのである。しかし、政治の「幾何学」が持つ法則に乗っ取れば、CDU／CSUが左傾化すればするほど、政治的右派の周縁部が拡大していくことになる。このような状況で、かつてキリスト教民主主義が伝統的に携わっていた政策課題は、どんどん脇へ追いやられていった。それはすなわち、国内政策における法や公正、ドイツの国益を重視した外交政策、男女の伝統的な役割分担を志向する家族政策、厳しく規制された移民政策などである。

これらの政策課題を解決すべき政党がなくなった空白に入り込んだのは、次第に極右化したＡｆＤであり、同党は二〇一三年以降、全州議会および連邦議会に相次いで議席を獲得した。不満を抱えたＣＤＵの支持者、ＦＤＰに失望した自由主義者、ＳＰＤがもはや普通の人々の利害を代表しなくなったと感じて気持ちをこじらせた人々、さらにはドイツの市場経済や民主主義制度に反発し、それまでは左翼党を支持し続けていた人々も、ＡｆＤに一票を投じたのである。そもそもＡｆＤは、ドイツ政府がとった欧州政策への批判から生まれたが、かつてここまでドイツ社会を二分した例がない難民政策に反対することで大きな成功を収めた。アンゲラ・メルケルがその後継者に残した遺産とは、ＣＤＵの政策をＳＰＤ・緑の党連合が醸成した世論に適応させること、さらには、極右に関する未解決の問題、ドイツの安定を保つためにＣＤＵ／ＣＳＵが保守的で経済的リベラルであろうとしているのか、あるいはしなければならないのかという問題群である。

4　コロナ危機

二〇二〇年初頭にドイツや世界を猛烈な勢いで襲った新型コロナウイルス感染症（COVID-19）は、人類歴史の転換点を刻んだ。この感染症は、偶然の出来事が人間にもたらす恐ろしさを思い知らせ、人類やその社会の運命が、外部からの脅威にさらされたままであることを明らかにした。同時に、この感染症は、グローバルに絡み合った各国の経済や社会を直撃し、それらがいかに脆弱なものであるのかを露呈させた。感染症の世界的拡大は、世界のなかで特に脆弱な部分がどこであるのかを明らかにし、すでに始まっていた新しい社会に向けた方向性を加速させた。

ドイツでは三六〇万人以上の感染者が確認され、八万八〇〇〇人以上の死者を出したが（二〇二一年五月末までの数字）、最悪の被害を出した国にはならなかった。しかしドイツでも、医療体制が限界近くにまで達したこともあった。経済活動のかなりの部分が数週間、場合によっては数カ月も停滞し、感染拡大を抑え込むために会社での仕事がテレワークになった。二〇二〇年四月時点で六〇〇万人以上の従業員が時短労働をし、一一月になってもその数はまだ二〇〇万人以上だった。航空、観光業、飲食宿泊業、小売業、クラブ、画廊の経営者、フリーランスの芸術家などが特に大きな打撃を受けた。二〇二〇年に国内総生産が五％減少したが、この数字は二〇〇九年の世界金融危機とほぼ同水準だった。ドイツの児童生徒八〇〇万人は、授業が数カ月間中断され、遠隔授業や自主学習によって学びの場が学校から子供部屋や台所のテーブルになるという経験もしたのである。

世界的な感染症の流行を危険視する声は以前からあり、二〇一三年一月には「SARSウイルスによる感染爆発」という想定を詳細に扱ったリスクの分析が連邦議会に提出されていたが、新型コロナウイルスの感染拡大に対して連邦政府や州政府はまったく準備不足であった。そして感染爆発を抑え込むために、国家は市民の基本権に深く介入したのである。移動の自由からデモの権利、義務教育に至るまで、基本法や州憲法に定められた多くの条項が大幅に制限された。同時に、緊急措置によって引き起こされた財政損失の一部は、それまでドイツが歴史上支出してきた総額を超えるほどの大規模な援助プログラムによって穴埋めされた。そのために、基本法に定められている債務緊急ブレーキがかけられた。連邦予算は二〇一三年以来の赤字となり、借入総額は一三〇五億ユーロにまで達した。

これらの規制が政治的判断で実行され、行政に支えられたという方法が、一六年目を迎えたアンゲラ・メルケル政権下でのドイツの強みと弱みを明らかにした。新型コロナウイルス感染拡大の初期、メルケル首相は用意周到で危機管理能力を有していることを証明した。政権は正しいタイミングで非常事態を宣言し、医療崩壊を防ぐことができた。パンデミックの被害を抑え込むための巨額の資金支出は、AfD以外の全政党の同意により承認され、国民からも広く支持を得た。感染対策の実施に責任を持つ各州と連邦政府の合意形成は、基本法に規定のない委員会（連邦政府と各州の首相との緊急会合）を通じておこなわれたが、このしくみは次第に機能しなくなり、二〇二一年の春には立ちゆかなくなった。

コロナ危機がますます長引くことによって、メルケル首相の統治スタイルが持つ欠点が明るみになった。行政的判断が迫られた初期対応の時期でさえそうであったのだが、本質的な決定は法令により実行された。「政治」が「科学」の権威に依拠してその知見を実行に移すことを、それまで代議制民主主義では議会における討議によってのみ実現できる政治的決断に置き代えた。AfDはこれをあざ笑うように批判したが、このことが大勢に異議を唱える意見を無責任と一刀両断に切り捨てたり、政府の方針を批判する者全てを「コビディオット」〔COVIDと愚か者を表すIdiotを合わせた造語で、「新型コロナウイルスの拡散につながるような自己中心的な行動をとったり、無謀なことをするもの」を指す〕の烙印を押す傾向に拍車をかけた。状況に応じて対応を決めるメルケル首相の政治手法は、あくまでもいまそれが必要であるという状況を利用して、もうそれ以外の選択肢がない、あるいはないと見せかけることによる政策決定には適していた。しかし、混迷したなかで前例のないことに積極的に対処したり、リーダーシップを発揮することには向いていなかった。さらに、連邦や州の行政は、柔軟な対応や主体性が必要とされる不測の緊急事態に対応することよりも、通常業務を粛々と実行することが得意だった。そのため、コロナ危機でのドイツの政策は、何かを禁止することには比較的効率よく対応できたが、新しい考えを生み出したり実行することにはためらいを見せていたのである。

パンデミックが社会に与えた影響や、パンデミックを封じ込めようとする政府の対策は計り知れないものであった。テレワークやオンライン授業の普及により、社会は急激なデジタル化を経験した。空間の境目が消失し、仕事とプライベートの時間がごちゃ混ぜになった。オンライン会議が対面の会議に取って代わり、映画館や劇場に行くという行為がストリーミングサービスにその座を奪われた。路上でおこなわれていたデモは、インターネットやソーシャルメディア上に移動した。オンラインショッピングの一人勝ちが続き、小売店の衰退に拍車をかけた。ショップやレストラン、カフェのなくなった都市中心部の荒涼とした風景というシナリオが現実味を増した。同時に、世代間対立も激化した。学校の生徒、大学の学生や職業実習生は、教育の機会や社会における他人との接点を不当に奪われたと感じていた。若者にとって新型コロナウイルスはそれほど恐れるようなものではなかったが、老人には非常に危険であったことがその背景にある。

新しい断層の上で社会の二極化がさらに深刻になった。行政がロックダウン延長を好ましいものと考えたとき、小売店やレストランの経営者はこれを苦々しく感じた。他方、二〇二〇年に計画されていた年金の増額は、感染症対策の増大する経費を顧みず、まったく削減されずに実行された。これを契機に、社会保障費が膨れ上がり、それが彼らの肩にのしかかることを目の当たりにした勤労世代と年金受給者のあいだでの世代間対立が生じた。感染症対策に反発するデモには、神秘主義者、極右、コロナ陰謀論を唱える者、社会の行く末を懸念する者、コロナの影響に直撃された市民など、多種多様の人々が参加した。

新型コロナウイルス感染症はＥＵも分断に陥れた。それほど大きな影響を受けずに危機を乗り切れると期待していた北欧諸国と、特に大きな打撃を受けたイタリア、スペイン、ポルトガルなど南欧諸国との亀裂が拡大した。これを埋めるために、二〇二〇年夏に七五〇〇億ユーロにものぼる復興基金が合意された。この基金はＥＵ加盟国の拠出金を原資とせず、補助金や融資で賄われたが、このような形式は史上初のことであった。ドイツ政府にとっては、被害の大きかった国の自立を支援し、ドイツと南欧の不均衡がこれ以上大きくならないようにするためにはらった最初で最後の大きな努力だった。フランス、イタリア、スペイン、ベルギーは、危機の圧力のもと、連帯感と同情心に訴えたことで、ドイツがそれまでの黒子の役割をかなぐり捨て、ついに正式で恒久的な財政移転同盟に合意したと感じていた。

共同の債務引き受けによる欧州統合の推進へと向かう緊張のなか、コロナ危機でＥＵが強力な行動に出られないことが露呈した。ヨーロッパの人々はまず、自国が感染防止のために行動することを期待した。危機的状況では、国民国家の持つ底力が証明された。ドイツでも、防護マスクや人工呼吸器の調達に際しては、自国民の保護が優先された。一九九五年の難民危機が最高潮に達した際にまったく制御不能と言われていたチェコやオーストリアなど隣国との国境も、あっけなく閉鎖された。公衆衛生においてＥＵに権限がないため、欧州委員会は当初口先だけの発表しかできなかった。二〇二〇年夏、欧州委員会が欧州全体へのワクチン調達業務を委任されたとき、二七カ国の連合体として行動する利点と欠点が明るみになった。加盟国間で共倒れになるような過剰な競争を回避しつつ、その購入量を武器に、小規模国家ではとうてい不可能な低価格で製薬会社と契約することができたのである。

世界的には、新型コロナウイルスの感染爆発は中国が経済・政治両局面で台頭する傾向を加速させた。ヨーロッパやアメリカに比べて、中国はうまくコロナ危機を乗り切った。欧米諸国に比べ、他の極東諸国や中国は二〇〇三年にＳＡＲＳ（重症急性呼吸器症候群）の経験があり、今回のコロナ危機への対応でも優っていた。また、個人情報保護など個人の権利より感染症予防が社会にとって最重要だという認識が最優先されたことも中国にとって有利に働いた。ドイツの「衛生独裁」という想像を絶するシナリオは誤りであるとしても、例外状況では民主主義は独裁体制の後塵を拝しているのではないか、と不安そうに自問する者もいた。同時に、中国の「ワクチン外交」と、新型コロナウイルスの発生原因を相互になすりつけあう非難合戦は、アメリカと中国の対立を激化させた。新しい東西対立の姿がおぼろげに見え始め、安全保障でアメリカに依存し、中国とは緊密な経済関係にあるドイツは、この構図のなかで身動きがとれなくなる恐れがあった。

型破りなドナルド・トランプ米大統領の任期中に世界経済の保護主義的な傾向が高まった。その支持者が二〇二一年一月にワシントンのアメリカ連邦議会議事堂に乱入したことを契機としてトランプが不名誉な形で大統領の座を追われることになっても、この傾向が消え去ることはなかった。新型コロナウイルスは、国家が経済活動へありとあらゆる介入をすることを促進した。また、その感染拡大は、生活に重要な物資のサプライチェーンがグローバル化したことを見直そうとする議論を活発にし、他方では民間航空のようなグローバルなネットワークの生命線をほぼ完全に断ち切った。緊急支援資金の調達がドイツやＥＵに限らず世界中で政府の負債を大幅に増やすこととなり、数十年ぶりとなる通貨切り下げの危険が高まった。二〇〇八〜〇九年のユーロ危機とは事情が異なり、経済に注入された資金は銀行に滞留せずに、消費者の懐に直接入れられた。

5　今後の展望

二〇一〇年から二〇年にかけて、ドイツは好景気を経験したが、その前後に世界恐慌以来となる深刻な世界的経済危機に見舞われた。しかし、それまでと異なって、この景気は欧州統合による追い風や国内での政治的な構造改革から生まれたわけではなかった。むしろその逆である。欧州憲法条約やユーロをめぐる問題が積み重なったこと、あるいは欧州難民危機、はたまたブレグジットにより、EUはその歴史上最も深刻な危機へと陥った。ドイツではAfDが結党されたことにより、政党の布置状況がさらに複雑化した。CDU／CSUとSPDの大連立は、名ばかりの「大」連立となり、これ以外の組み合わせで議会で過半数を得ることはますます困難になった。新型コロナウイルスの感染拡大により、ドイツはその政治制度、社会の紐帯、経済力の面で第二次世界大戦以来の最も厳しい試練を経験することとなった。

二〇二〇年代になり、劇的な変化を予感させる新時代の姿がおぼろげに見えてきた。デジタル化が進み、労働や暮らしを変化させている。政府債務に連関した世代間の不公平はなくさねばならない。気候変動を抑え込むために、経済と社会におけるグリーントランスフォーメーションが必要不可欠だ。メルケル時代の終わりとともに、政党政治は根本から組み替えられ、CDUがイニシアティヴを握るとは限らない。グローバル化は壁に突き当たっている。世界の権力関係が変化し、その速度は増している。国家と市民、個人と社会、そして各国政府と国際的な共同体の関係が新たに調整されようとしている。ドイツ人は今後もこのような変化に対応を迫られる。ドイツ人の暮らしは変容し、ドイツの歴史は続いていくのである。

参考文献

Arnulf Baring, *Machtwechsel. Die Ära Brandt-Scheel*, Stuttgart 1982.

Frank Biess, *Republik der Angst. Eine andere Geschichte der Bundesrepublik*, Hamburg 2019.

Frank Bösch, *Macht und Machtverlust. Die Geschichte der CDU*, Stuttgart und München 2002.

Karl Dietrich Bracher, *Die deutsche Diktatur. Entstehung, Struktur, Folgen des Nationalsozialismus*, 6. Aufl., Köln 1979.〔K・D・ブラッハー『ドイツの独裁Ⅰ ナチズムの生成・構造・帰結』『ドイツの独裁Ⅱ ナチズムの生成・構造・帰結』高橋進・山口定訳、岩波書店、二〇〇九年〕

Christopher R. Browning, *Ganz normale Männer. Das Reserve-Polizei-bataillon 101 und die «Endlösung» in Polen*, Reinbek bei Hamburg 1993.

Norbert Frei, *Vergangenheitspolitik. Die Anfänge der Bundesrepublik und die NS-Vergangenheit*, München 1996.

Philipp Gassert, *Kurt Georg Kiesinger, 1904–1988. Kanzler zwischen den Zeiten*, München 2006.

Tim Geiger, *Atlantiker gegen Gaullisten. Außenpolitischer Konflikt und innerparteilicher Machtkampf in der CDU/CSU 1958–1969*, München 2008.

Manfred Görtemaker, *Die Berliner Republik. Wiedervereinigung und Neuorientierung*, Berlin 2009.

Hans Jörg Hennecke, *Die dritte Republik. Aufbruch und Ernüchterung*, München 2003.

Eric Hobsbawm, *Das Zeitalter der Extreme. Weltgeschichte des 20. Jahrhunderts*, München 1995.〔エリック・ホブズボーム『二〇世紀の歴史——極端な時代』上下、河合秀和訳、三省堂、一九九六年〕

Peter Hoeres, *Zeitung für Deutschland. Die Geschichte der FAZ*, Salzburg 2019.

Wolfgang Jäger, Werner Link, *Republik im Wandel. 1974-1982. Die Ära Schmidt* (Geschichte der Bundesrepublik, Bd. 4/2), Stuttgart 1987.

Christoph Kleßmann, Ein stolzes Schiff und krächzende Möwen. Die Geschichte der Bundesrepublik und ihre Kritiker, in *Geschichte und Gesellschaft* 11 (1985), S. 476-494.

Daniel Koerfer, *Kampf ums Kanzleramt. Adenauer und Erhard*, überarb. Neuaufl. Salzburg 2020.

Ilko-Sascha Kowalczuk, *Die Übernahme. Wie Ostdeutschland Teil der Bundesrepublik Deutschland wurde*, München 2019.

Hans Kundnani, *German Power. Das Paradox der deutschen Stärke*, München 2016.〔ハンス・クンドナニ『ドイツ・パワーの逆説——〈地経学〉時代の欧州統合』中村登志哉訳、一藝社、二〇一九年〕

Melvyn P. Leffler, *For the Soul of Mankind. The United States, the Soviet Union, and the Cold War*, New York 2007.

Peter Lösche, Franz Walter, *Die SPD. Klassenpartei -Volkspartei- Quotenpartei*, Darmstadt 1992.

Steffen Mau, *Lütten Klein. Leben in der ostdeutschen Transformationsgesellschaft*, Berlin 2019.

Werner Plumpe, *Das kalte Herz. Kapitalismus. Die Geschichte einer andauernden Revolution*, Berlin 2019.

Heinrich Potthoff, *Die «Koalition der Vernunft». Deutschlandpolitik in den 80er Jahren*, München 1995.

Andreas Reckwitz, *Die Gesellschaft der Singularitäten. Zum Strukturwandel der Moderne*, Frankfurt am Main 2019.

Sven Reichardt, *Das alternative Milieu. Antibürgerlicher Lebensstil und linke Politik in der Bundesrepublik Deutschland und Europa, 1968–1983,* Göttingen 2010.

Andreas Rödder, *Deutschland einig Vaterland. Die Geschichte der Wiedervereinigung,* München 2009.〔アンドレアス・レダー『ドイツ統一』板橋拓己訳、岩波書店、二〇一〇年〕

Tim Schanetzky, *Die große Ernüchterung. Wirtschaftspolitik, Expertise und Gesellschaft in der Bundesrepublik 1966 bis 1982,* Berlin 2007.

Helmut Schelsky, *Wandlungen der deutschen Familie in der Gegenwart. Darstellung und Deutung einer empirisch-soziologischen Tatbestandsaufnahme,* Dortmund 1953.

Axel Schildt, Das Jahrhundert der Massenmedien. Ansichten zu einer künftigen Geschichte der Öffentlichkeit, in *Geschichte und Gesellschaft* 27（2001）H. 2, S. 177–206.

Gregor Schöllgen, *Angst vor der Macht. Die Deutschen und ihre Außenpolitik,* Berlin 1993.

Hans-Peter Schwarz, *Die Ära Adenauer. Gründerjahre der Republik 1949–1957*（Geschichte der Bundesrepublik, Bd. 2）, Stuttgart 1981.

Ders., *Die Zentralmacht Europas. Deutschlands Rückkehr auf die Weltbühne,* Berlin 1994.

Daniel Friedrich Sturm, *Uneinig in die Einheit. Die Sozialdemokratie und die Vereinigung Deutschlands 1989/90,* Bonn 2006.

Sebastian Ullrich, *Der Weimar-Komplex. Das Scheitern der ersten deutschen Demokratie und die politische Kultur der frühen Bundesrepublik,* Göttingen 2009.

Nina Verheyen, *Diskussionslust. Eine Kulturgeschichte des «besseren Arguments» in Westdeutschland,* Göttingen 2010.

Heinrich August Winkler, *Der lange Weg nach Westen. Bd. 1: Deutsche Geschichte vom Ende des Alten Reiches bis zum Untergang der Weimarer Republik, Bd. 2: Deutsche Geschichte vom ‹Dritten Reich› bis zur Wiedervereinigung,* München 2000.〔H・A・ヴィンクラー『自由と統一への長い道〈I〉ドイツ近現代史一七八九―一九三三年』『自由と統一への長い道〈II〉ドイツ近現代史一九三三―一九九〇年』後藤俊明・奥田隆男・中谷毅・野田昌吾訳、昭和堂、二〇〇八年〕

Andreas Wirsching, *Abschied vom Provisorium, 1982–1990* (Geschichte der Bundesrepublik, Bd. 6), München 2006.

Edgar Wolfrum, *Die geglückte Demokratie. Geschichte der Bundesrepublik Deutschland von ihren Anfängen bis zur Gegenwart,* Stuttgart 2006.

日本語版へのあとがき

二〇二一年八月に出版された原著ドイツ語版最終章の「今後の展望」では、ドイツの政治・経済・社会をめぐる情勢が将来大きく変化するであろう、そして、ドイツの人々の生活環境が家庭のレベルに至るまで激しく変容するであろう、と予言した。だが、その後数カ月間で、この予言が劇的に、なによりもこれだけのスピードで現実となることは、著者も予見できなかった。

二〇二一年九月のドイツ連邦議会選挙の結果生まれたＳＰＤ、緑の党、ＦＤＰの連立政権は、国の社会福祉、環境保護、社会における様々な政策を近代化すると公約していた。とりわけ、低所得者層の状況改善、女性や外国人などの権利の平等、デジタルインフラの拡充、地球温暖化防止において、「もっと進歩を！」と主張した。最低賃金を一二ユーロに引き上げ、年間四〇万戸の住宅建設を約束したほか、石炭火力発電所を段階的に廃止すること、e-モビリティや再生可能エネルギーの推進、経済と社会を環境保護の観点から変革すること、大麻の合法化、性転換をした者の法的地位向上などを、新政府の優先事項として宣言している。選挙戦のなか、ＳＰＤのオラフ・ショルツ首相は、長期政権を維持しこの度引退したアンゲラ・メルケル前首相の再来だという印象を与えることに成功した。

欧州政策、外交・安全保障政策は、過去の連邦議会選挙と同じくほとんど論点とならなかった。各政党も有権者も、これらの点を特に重視していなかったのである。

欧州統合に目を向ければ、連邦共和国はずっと現状維持だった。統合の深化に対しては表面上賛意を示しつつ、フランスのエマニュエル・マクロン大統領が主導した具体的な変革への提案には関心を示さない、というヤヌスの貌を見せていたのである。ドイツがいながらにしてアメリカとの関係を改善できたのは、NATO軽視を貫くドナルド・トランプ大統領が二〇二一年一月に民主党のジョー・バイデンと交代し、彼が米欧関係の段階的な関係改善とアメリカ主導の同盟再建に明らかに注力し始めたからである。対ロシアでは、メルケル前政権で確立された二面戦略の継続が見られた。まず経済、とりわけエネルギー政策での密接な関係を維持し、他方で国内ではますます抑圧的になり、外交では新帝国主義的な方向性をどんどん明確にするプーチン体制に、時と場合に応じて強弱をつけながらも、一貫して拒絶を示すことであった。新連立政権内では、SPDが経済協力に好感を示し、緑の党が人権や国際法に関連する対ロ批判をおこなった。この動きは全体としてみれば、批判的だが「建設的でもある対話」に着地することとなった。ドイツの軍備について政治は無関心のままだった。早くも二〇〇二年の段階で、国内総生産の二%以上を防衛費に振り当てるという目標がNATO内で合意されていたが、ドイツではほぼ二〇年にわたって達成されるそぶりさえなかった。この期間にCDU／CSUの五人もの国防大臣が在職したことを考えれば、これがどれだけ長期間であったかは明白であろう。二〇二二年二月末の陸軍総監の発言によれば、連邦軍は「多かれ少なかれ丸腰も同様」と言えるほどであった。

親ロシアになりがちなSPD、平和志向の緑の党、手堅い予算編成を重視するFDPの連立政権が成立したが、この新しい政権はそれまでの路線をなにもかも継承すると明言した。連邦軍の存在は無責任になおざりにされた。世間では反米の風潮と、有事に備えることを拒絶する、という雰囲気が広まっていた。ロシア軍は数週間にわたってウクライナとの国境に展開した後、表面上は、限定的「特別作戦」で「ナチ」政権を追放し、ウクライナ東部ドンバス地域でのロシア系住民の「民族虐殺」を防ぐことを目的として、二〇二二年二月二四日にウクライナ領内に侵入すると状況は一変した。しかし、その実態は、第二次世界大戦後のヨーロッパで例のない、国際法に抵触する不当な侵略戦争である。ウクライナはNATOに加盟していないため、ここに介入する義務はNATOにはない。だが、ウクライナの国家の不可侵性が損なわれ、軍事力を振りかざすのではなく、法的秩序に基づいたヨーロッパの国家秩序という基本原則が疑問視されることとなったこのロシアの侵略にいったいどう対処すべきか、各国政府は時間に追われるなかで決断を迫られることになった。

アメリカもヨーロッパも、ロシアが保有する核兵器を理由に、直接の軍事的な関わりを持つ可能性を排除していた。そのため、ウクライナへの資金援助、特に重要なエネルギー分野でプーチン政権への経済制裁、ウクライナへの兵器供与が主な行動オプションとなった。いずれの選択肢をとってもドイツ政府には頭が痛い問題だった。兵器供与は「紛争地域に武器を供与しない」という新政権が自らに課した原則と矛盾する。また、一方的に戦争に巻き込まれた自国を防衛するという目的であっても、軍事力行使を否定する緑の党やSPDの平和主義者グループの姿勢にも抵触するものであった。さらに、ウクライナへの兵器供与をドイツの戦争介入とロシアに解釈され、核戦争という形で応酬されるところまで事態がエスカレートするのではと危惧する者も多い。そして、ドイツは西欧、南欧の近隣諸国に比べてロシアへのエネルギー依存度が高く、こういった経済制裁は痛みを伴う困難なものである、という究極の問題がある。

ドイツの経済発展は、ライン・マイン地域にある化学工業に典型的な、エネルギー集中消費型の産業に依るところが大きい。また、フランスやイギリスとは異なり、ドイツは民間利用での完全な脱原子力を目指しているため、再生可能エネルギーの供給が増大しない限り、石炭・石油への依存から脱却できない。ドイツとロシアのエネルギー政策をめぐる特別な関係はすでに冷戦時代に始まり、ゲルハルト・シュレーダーとウラジーミル・プーチンの二人によりさらに強化され、CDU与党のドイツ政府が主導して一六年にわたって続けられてきたが、この分野こそが両国の関係を象徴していると言えよう。二〇一一年に完成したノルドストリーム1と、二〇二二年初頭に稼働予定だったノルドストリーム2、ロシアからドイツにつながる海底ガスパイプラインに、この「特別な関係」が非常によく見て取れる。二〇二一年一二月にショルツ首相が述べたように、ドイツの公式見解では、ノルドストリームはあくまでも「純粋に民間の計画」での経済協力であり、ドイツ人の「過去」（第二次世界大戦中のソ連におけるドイツの戦争犯罪に対する賠償）や、経済関係が政治の側面から変革しうることへの言及（「貿易による変革」というスローガン）が必要に応じて「付け合わせ」られたのであった。しかし、ロシアの指導部にとって、地政学的な観点が当初より重要であった。ウクライナやポーランドを経由せずロシアからバルト海の海底を通ってドイツに直接天然ガスを届けることは、ロシアに大きな利点をもたらした。つまり、ウクライナとポーランドを弱体化し、同時にヨーロッパの強国であるドイツをロシアに密に結びつけるということを意味したためである。

ロシアのウクライナ侵攻から三日後、ショルツ首相の発言は世間だけでなく自党や議員団、さらには内閣構成員の一部までをも驚かせた。彼はドイツ連邦議会で所信表明をおこない、この戦争を「時代の転換点」と呼び、ドイツの外交・安全保障政策の方針転換を宣言したのである。ショルツ首相はこの戦争を「悪名高い国際法違反」と呼び、EUによる厳しい制裁措置を発表した。それは先端技術の輸出制限を皮切りに、プーチン周辺の新興財閥（オリガルヒ）が所有する国外財産の差し押さえ、そしてロシア金融機関を国際銀行間通信協会（SWIFT）から排除することに至るまでの幅広いものだった。ショルツ首相はまたNATOにおける支援の義務を明言し、その目的のために一〇〇〇億ユーロの特別基金を計上して連邦軍を増強し、その派兵準備を可能な限り前倒しすることも約束した。この発言の後数週間で、ロシアから化石燃料の輸入をボイコットするまでに事態は拡大したが、これは当初ロシアへのエネルギー依存とドイツ経済への影響を懸念して意図的に排除されていたことである。ドイツは石炭消費量のうち四五%を、石油は三六%をロシアから輸入しており、これは他国からの調達に代替することが比較的容易である。問題は天然ガスで、ロシアからの輸入はドイツが消費する量の約五〇%に相当する。さらに、ドイツにはLPGを輸入できる港湾施設がないことが、状況をより悪化させている。

このような困難な前提にもかかわらず、ドイツは欧米のあらゆる経済制裁に加わり、最終的にはウクライナへの重火器の供与まで準備していたが、そこには様々な理由があった。二〇一四年のクリミア併合時とは異なり、ウクライナ侵攻はヨーロッパの国家間秩序そのものに対する攻撃とみなされ、NATOやEUが行動を起こすかどうかの意思確認や、その生き残り能力を試す例となったのである。それに相応してとりわけアメリカや、そして東欧諸国といった同盟国からドイツ政府にかけられた圧力は高くなった。プーチンの核戦争も辞さないという露骨な脅しは、自前の核兵器を持たないドイツ国民がアメリカの核の傘に依存し続けていることを否応なく認識させた。ロシア軍の残虐な戦闘は、テレビやソーシャルメディアによってタイムラグなしにドイツ人の目に触れ、ウクライナ人への共感の波が押し寄せた。ドイツの市民は意欲的にウクライナを支援しようとし、三月から四月にかけて何万人にものぼるウクライナ難民を積極的に受け入れ、民間組織が調達した衣類や医薬品などの救援物資をチェコ、スロヴァキア、ポーランド経由でウクライナ国境まで送り届けた。

そのため、ショルツ首相の路線転換は、当初国民から幅広い支持を得た。連邦議会で最大野党であるCDU/CSUも首相の方針を支持した。ショルツ首相は連立パートナーであるFDPと緑の党の支援を仰ぐこともでき、それは自党SPDよりも頼りになった。SPD選出の国防相は消極的だとみなされたが、緑の党選出のアンナレーナ・ベアボック外相やロベルト・ハーベック副首相兼経済相は現実的な政策を推し進め、それまでに比べて厳しさを増すドイツの方針を巧みに伝道する役割をになっている。現政権は三党連立であり、第二党の緑の党、第三党のFDPを合わせるとショルツ首相が所属する第一党SPDを凌ぐ勢力になる。そのため、ショルツ首相が一貫した政策を打ち出すことは非常に困難である。連立政権内で緊張関係が生じるなら、SPD、緑の党という左派と中道政党であるFDPのあいだであろうと考えていた人々は、すっかり思い違いをしていたことになる。対ロシア・対ウクライナ政策という枢要な点でむしろ緑の党とFDPが連携してSPDと対立した。当初はウクライナに対する支持に大きく傾いたが、その後国民の意識はロシアに対してさらに厳しい対応をとるべきと考える者、ドイツの対応に満足だとする者、ドイツがウクライナへ関与することを徐々に減らすべきだとする者に三分された。連立政権の内部でもこれを反映するような意見の相違が見られ、国全体としての方針が定まらない状態であることは明らかである。

このように方向性が定まらないなか、ドイツの外交・安全保障政策がどれだけ根幹から変化していくのかは予測不可能である。ヨーロッパの他国と比較すると、ドイツは対ロシア経済制裁やウクライナへの武器供与で主導的な役割にはなく、むしろ外圧によって、躊躇しつつ慎重に対応してきた。今回公表された連邦軍のてこ入れは、装備を拡充させるにとどまらず、軍人や職業としての連邦軍を特段尊重することがなかったドイツ国民に思考の転換をも迫っている。ドイツ政府が安全保障政策を長期的視野で改革することにどれだけ真摯に取り組むのかということを測る指標は二つある。連邦軍に供される一〇〇〇億ユーロの特別基金が、NATOが設定する国防費をGDPの二%にするという目標に組み込まれてしまうのか、これから徐々に増加させる国防予算を考慮して、今回はあくまでも一時的なカンフル剤だと考えるのか、である。このような政治的土壌やヨーロッパ、そして世界におけるドイツが果たす役割の変化をも意味する、長期的視野での路線転換は、ＳＰＤ支持者がとりわけ躊躇するところである。

だが、この新しい情勢のなかでＥＵやＮＡＴＯにおけるドイツの重要な利害とはいったい何であるのか、それをどう追求できるのか、について戦略的に考えている者はＳＰＤ以外にほとんどいない。現在のウクライナ戦争終結後も見据えたロシアや中国との関係をどう方向づけていくのか、という点についても同様である。いま断言できる唯一のことは、安全保障政策におけるアメリカへの依存、経済面で中国との関係に密接に組みこまれてしまっていること、エネルギー政策でロシアへ大きく依存している、という構図のなかで未来が見通せないということである。冷戦時代の二極化、あるいはベルリンの壁崩壊後の世界情勢の変化という激動の時代が比べものにならないような新しい世界秩序のなかで、ドイツはその立ち位置や役割を見出す必要に迫られている。

二〇二二年五月一五日

ドミニク・ゲッパート

訳者あとがき

ドイツ・ミュンヘンに居を構える名門出版社・ベック社による「ヴィッセン」（知識）叢書は一九九七年以来巻を重ね、現在まで六〇〇冊以上を世に送り出している。叢書が扱うテーマは広汎で、様々な分野の代表的研究者による啓蒙的な側面が強いものである。だが最先端の研究成果がもれなく盛り込まれており、質の高い作品が顔を揃える。本書はその一冊として二〇二一年八月に刊行された Dominik Geppert, *Geschichte der Bundesrepublik Deutschland* の翻訳である。なお、原著書名を忠実に翻訳すると『ドイツ連邦共和国史』となる。つまり、一九四九年から九〇年まではいわゆる「西ドイツ」の歴史であり、本書において「ドイツ民主共和国」＝東ドイツは、西ドイツとの関係性のなかでしか言及されていない。その点についてはここで補足しておきたい。

ドイツ連邦共和国が成立して七〇年余りが過ぎ、東西ドイツが再統一してからすでに三〇年以上が経過した。連邦共和国の成立六〇周年を祝った二〇〇九年頃には、経済の発展やヨーロッパ統合における存在感、東西ドイツの統一といった成果を誇り、ドイツ人は自らの歴史を「成功した」と評価していた。だが、その後明らかになった移民社会への転換やその軋轢から生じた極右政党の躍進、二〇一〇年頃に始まったユーロ危機、二〇一五年の欧州難民危機、二〇一九年の新型コロナウイルス感染症の問題、一六年間にわたりドイツ政界に君臨したメルケル首相の退陣、二〇二二年のウクライナ戦争を契機としたロシアとの関係悪化など、ドイツ人はその「成功の歴史」を再考すべき曲がり角にさしかかっている。

本書は、二〇二一年時点でこのようなドイツの直近の歴史をも視野に入れ、ドイツ現代史の新たな一側面を照射しようとする意欲的な著作である。また、今回の日本語版翻訳に際して特に原著者に依頼をし、二〇二一年秋のメルケル首相の退陣とそれに伴うショルツ新政権の発足、ロシアのウクライナ戦争にまで言及した「日本語版へのあとがき」を寄せてもらった。このことにより日本語版は二〇二二年までの歴史を一気に見渡せるものとなり、ドイツ語版原著にさらなる魅力を付加したものとなっている。ウクライナ戦争まで言及した本書の「その後」を日本語版あとがきとしてお願いしたい、という訳者の要望に快く応じてくれたゲッパート教授にここで心より感謝の意を表する。

次に、本書の訳出を思い立った背景を簡単に記しておきたい。戦後ドイツ史は首相の在任期間を時代区分の指標として考察することがよくあるが、ゲッパート教授はこれまでにない観点で連邦共和国を時代区分し、分析しようと試みる。その斬新な視点と新型コロナウイルス感染症までも視野に入れたアクチュアルな性格が本書の持つ特長であると感じたことが、まず注目したきっかけである。このことは、ドイツに関心を持つ日本の読者にも多くを訴えかけるだろう。

また、邦訳書名『ドイツ人が語るドイツ現代史』は本書の特徴を反映させたものと言える。ゲッパート教授は、私たちがこれまで解釈してきたドイツ現代史とは異なった新しい視点を提供してくれるためだ。例えば、日本人に人気の高いブラント首相を聖人君主として描いてはいない。逆に日本では注目されていないシュミット首相は大いに評価する。日本人に絶大な人気を誇るメルケル首相についても、冷静な評価を下している。ドイツでも研究者の世代交代が進み、一定の距離感で現代史を見ることができるようになっている、と実感する点である。さらに、本書は概説と言いつつも教科書的なものではなく、戦後ドイツの各時代における社会の空気を読み取ることができる。そのためにドイツという国に関心のある人が手に取り、ドイツ人の目にはドイツ現代史がどう映っているのか、ということを追体験する読み物と理解してほしい、というのが訳者の希望である。ゲッパート教授も言うように、戦後ドイツ史は決して成功の歴史ではない。これはカリフォルニア大学のフランク・ビース教授が提唱する「不安の歴史」という議論も踏まえている。つまり、ドイツ人は次々と彼らを襲う課題に決して前のめりで対応したのではなく、やらされている、という感を受ける。何をやるにしても不安と隣り合わせであるのがドイツ人の感覚の歴史でもある。このような心情は日本人にはなかなか書けない。日本人もドイツの歴史は成功の歴史、ととらえがちだ。だが、ドイツ人自身から見ると、いろいろなところをぎりぎりでやってきているという焦燥感すら感じる。綱渡りの連続、日本と似ているようで似ていない戦後の精神性だ。「比較とは、比べられるからする意義があるのだ」と日独を「二つの戦後」と名づけた者もいる。しかし、表面的には似ている日本とドイツでも、両国の違いは奥深く、精神的に見たらまったく異なるのではないか。このようなドイツ人の紆余曲折、悩みは日本人には書ききれないところがある。ベルリンの壁が目の前にある、すぐそこにソ連軍がいる、という物理的なことからもドイツ人が置かれた境遇を思い知らされる。これは、ベルリンの壁を実際に目の当たりにした人間は多かれ少なかれ感じたことだ。挫折を挫折として受け入れない、見て見ぬ振りをするというのが日本人だとすれば、それはそもそもドイツ人の「挫折」とも距離感がある。訳者なりに解釈するのであれば、ドイツの現代史は成功を求めた苦難の歴史である。読者が、このような「感性」を感じ取ることができるのであれば、それは訳者にとって望外の喜びである。なお、この「感性」を伝えるためにどうしても補足が必要な部分については訳者が注をつけ、〔 〕で囲ってある。

ここで著者ドミニク・ゲッパート教授を紹介しておきたい。ゲッパート教授は一九七〇年生まれ、フライブルク大学およびベルリン自由大学にて歴史学、哲学、法学を学び、二〇〇〇年にベルリン自由大学で「サッチャーリズムの誕生」をテーマに博士号を取得した。その後ロンドンドイツ史研究所研究員を経て、二〇〇六年にベルリン自由大学で「第一次世界大戦時の英独における世論と外交」で教授資格を取得した。その後マールブルク大学、ボン大学で教鞭をとり、二〇一〇年にボン大学正教授に着任、二〇一六〜一七年にはロンドン・スクール・オブ・エコノミクス・アンド・ポリティカル・サイエンスで客員教授を務めた。二〇一八年よりポツダム大学正教授に着任し、一九・二〇世紀史講座を主宰している。主著に『サッチャーの保守革命』(二〇〇二年)、『報道戦争――英独関係の中の世論と外交』(二〇〇七年)、『アデナウアー時代』(二〇一二年)、『存在しない「一つのヨーロッパ」』(二〇一三年)、共著・編著に『戦後の変化――西ヨーロッパにおける文化、社会、政治の変革』(二〇〇二年)、『国家をめぐる争い——連邦共和国における知識人の論争』(二〇〇八年)、『帝国の記憶の場所』(二〇一五年)、『大戦争に先駆けた戦争——第一次世界大戦勃発前の国際紛争と政治』(二〇一五年)、『利害・価値・責任・国民国家、ヨーロッパそして西側世界の狭間にあるドイツ外交——ハンス・ペーター・シュヴァルツ追悼』(二〇一九年)などがある(いずれも未邦訳)。このように、ゲッパート教授は国際関係史を専門とし、ドイツにとどまらない幅広い視野でその研究を進めている。

ドイツには「議会史・政党史委員会」という組織がある。民主主義や議会の歴史、政党史研究を手がけ、これまで各種資料集や多数の研究書を公刊している。この委員会は一九五二年に独立した研究組織として当時の西ドイツの首都ボンで設立された。初期メンバーはヴォルフガング・アーベントロート、ルートヴィヒ・ベルクシュトレッサー、テオドーア・エッシェンブルク、フリッツ・フィッシャーといった錚々たる顔ぶれであった。ゲッパート教授は二〇一八年より委員長の重責を担っている。伝統あるこの委員会の長を務めるということは、研究者として非常に栄誉あることだと言えよう。

そして、訳者の個人的事情に触れることは憚られると思いつつ、ここに簡単に紹介しておきたい。訳者の一人、進藤は一九八八年にはじめてドイツへ渡り、ベルリンの壁の「存在感」に圧倒された。東西ドイツが統一した一九九〇年一〇月三日は統一記念式典を見物しようと西ドイツの旧居から東へと向かったが、整備されていない荒れた高速道路に阻まれてベルリンにたどり着かず、統一のその瞬間はライプツィヒで迎える羽目になった。本書の後半はこのような経験に重なるところが多く、翻訳は自分の歴史を追う作業でもあった。もう一人の訳者である爲政はボン大学で学びコール首相のブレーン役でもあった政治史の大家ハンス・ペーター・シュヴァルツ教授の薫陶を受けた。シュヴァルツ教授は二〇一七年に鬼籍に入ったが、教授夫人より受け取った訃報に大きな衝撃を受けたことをいまも忘れていない。ゲッパート教授はシュヴァルツ教授の追悼論集を編纂しており、今回の翻訳は亡きシュヴァルツ教授がとりもってくれた縁、ということもできよう。

なお、本書の公刊に際しては多くの方々にお世話になった。その全てを挙げることはできないが、大阪大学名誉教授の高田珠樹氏には本書の翻訳を着想した時点から多くのご助言・ご助力をいただいた。また、大阪大学教授の秋田茂氏にも様々な相談に乗っていただき、貴重なご助言をいただいた。ミネルヴァ書房編集部の岡崎麻優子氏にはこれまでも大変お世話になってきたが、今回もご担当の労をとっていただくことになった。ここに感謝の意を表する次第である。

二〇二三年三月

進藤修一
爲政雅代

はじめて学ぶドイツの歴史と文化　南　直人／進藤修一 他編著　A5判三四六頁　本体三二〇〇円

ヨーロッパのなかのドイツ 一八〇〇〜二〇〇二　W.D.グルーナー著／進藤修一 他訳　A5判四三二頁　本体六五〇〇円

ドイツ社会保障の危機　G.A.リッター著／竹中　亨 監訳　A5判四七六頁　本体八〇〇〇円

越境する歴史家たちへ　谷川　稔／川島昭夫 他編著　A5判三七六頁　本体三八〇〇円

◆ミネルヴァ世界史〈翻訳〉ライブラリー――南塚信吾・秋山晋吾 監修

①戦争の世界史　M.S.ナイバーグ著／稲野　強 訳　四六判二二八頁　本体二六〇〇円

②人権の世界史　P.N.スターンズ著／上杉　忍 訳　四六判三五二頁　本体三二〇〇円

③宗教の世界史　スーパー／ターリー著／渡邊昭子 訳　四六判二八八頁　本体二八〇〇円

④スポーツの世界史　D.G.マコーム著／中房敏朗 他訳　四六判二七二頁　本体二八〇〇円

《訳者紹介》

進藤修一（しんどう・しゅういち）**第4～6章，日本語版へのあとがき**

1965年　生まれ。
1995年　同志社大学大学院文学研究科博士課程後期課程文化史学専攻単位取得満期退学。
現　在　大阪大学大学院人文学研究科教授。
主　著　『ドイツ史研究入門』（共著）山川出版社，2014年。
『移民都市の苦悩と挑戦——ニューヨークとフランクフルト』（共著）晃洋書房，2015年。
『はじめて学ぶドイツの歴史と文化』（共編著）ミネルヴァ書房，2020年。

爲政雅代（ためまさ・まさよ）**第1～3章**

1970年　生まれ。
2000年　同志社大学大学院文学研究科博士課程後期課程文化史学専攻単位取得満期退学。
2001年　博士（文化史学）（同志社大学）。
現　在　同志社大学・同志社女子大学非常勤講師。
主　著　ゲルハルト・A・リッター『ドイツ社会保障の危機——再統一の代償』（共訳）ミネルヴァ書房，2013年。
『はじめて学ぶドイツの歴史と文化』（共著）ミネルヴァ書房，2020年。
「自由主義インターナショナルと政党政治家テオドーア・ホイス——占領下ドイツにおける西側自由主義の行方」『歴史研究』54号，2017年。

ドイツ人が語るドイツ現代史
——アデナウアーからメルケル，ショルツまで——

2023年5月30日　初版第1刷発行　〈検印省略〉

定価はカバーに
表示しています

訳　者　進　藤　修　一
　　　　爲　政　雅　代
発行者　杉　田　啓　三
印刷者　江　戸　孝　典

発行所　株式会社　ミネルヴァ書房
607-8494 京都市山科区日ノ岡堤谷町1
電話代表（075)581-5191
振替口座 01020-0-8076

共同印刷工業・新生製本

ISBN978-4-623-09526-1
Printed in Japan

人名索引

あ 行

か 行

さ 行

た・な行

は 行

ま 行

ら 行

事項索引

た　行

な　行

は　行

ま　行

や・ら・わ行

A～Z

関連年表

年月日	ドイツ関連	国際情勢・ヨーロッパ情勢
1944年7月22日		ブレトン・ウッズ協定の締結
1945年5月8日	ドイツ，無条件降伏	
6月5日	米英仏ソ4カ国による分割占領開始	
7月17日		ポツダム会談（～1945年8月2日）
1946年9月6日	アメリカ国務長官バーンズのシュトゥットガルト演説	
1947年1月1日	米英経済統合地区の設置	
3月12日		トルーマン・ドクトリン発表
6月5日		マーシャル・プラン発表
11～12月	ロンドン外相会談	
1948年2月		チェコスロヴァキアのクーデター
6月	西側地区における通貨改革（20日），ソ連地区における通貨改革（23日）	
6月24日	ベルリン封鎖の開始（1949年5月12日に終了）	
9月1日	議会評議会が活動開始（～1949年5月まで）	
1949年5月23日	ドイツ連邦共和国（西ドイツ）の建国（24日に基本法発効）	
9月15日	アデナウアー首相就任	
10月7日	ドイツ民主共和国（東ドイツ）の建国	
1950年5月9日		シューマン・プラン発表
1951年4月18日		欧州石炭鉄鋼共同体条約の調印（1952年7月23日発効）
1952年3～8月	スターリン・ノート（4度の提示）	
1953年3月5日		スターリンの死去

1954年7月4日	西ドイツがサッカー・ワールドカップで優勝（「ベルンの奇跡」）	
8月30日		フランス国民議会が欧州防衛共同体条約の批准拒否
10月23日	パリ諸条約の調印（1955年5月5日発効）	
1955年5月6日	北大西洋条約機構（NATO）に西ドイツ加盟	
7月18日		ジュネーヴ会議
9月8日	アデナウアーのモスクワ訪問→西ドイツとソ連の国交正常化へ	
11月12日	連邦軍の発足	
1955～68年	労働者募集協定を締結（イタリア，スペイン，ギリシア，トルコ，モロッコ，韓国，ポルトガル，チュニジア，ユーゴスラヴィア）	
1957年3月25日		ローマ条約の調印（1958年1月1日発効）
10月4日		ソ連が人工衛星「スプートニク1号」の打ち上げ成功
1958年11月27日		フルシチョフの最後通牒
1959年11月15日	SPD党大会で「ゴーデスベルク綱領」を採択	
1961年8月13日	ベルリンの壁の建設を開始	
1962年10月26日	シュピーゲル事件	
10～11月		キューバ危機
1963年1月22日	独仏協力条約（エリゼ条約）の調印	
8月24日	サッカー・ブンデスリーガ発足	
10月16日	**エアハルト首相就任**	
12月17日	西ベルリン市と東ドイツのあいだで通行証協定を調印	
12月20日	アウシュヴィッツ裁判開始	
1966年12月1日	**キージンガー首相就任→大連立内閣へ**	
1967年1月31日	西ドイツとルーマニアが国交正常化	

6月2日	西ベルリンにおけるイラン国王訪問反対デモ	
1968年5月30日	連邦議会で非常事態法を可決	
1969年10月21日	**ブラント首相就任**	
11月28日	西ドイツは核拡散防止条約に調印	
1970年8月12日	西ドイツとソ連のあいだでモスクワ条約を調印	
12月7日	西ドイツとポーランドのあいだでワルシャワ条約を調印	
1971年8月15日		ニクソン・ショック（ドルと金の兌換停止へ）
9月3日	ベルリン4カ国協定（1972年6月3日発効）	
1972年4月27日	ブラント首相への建設的不信任案を否決	
12月21日	東西ドイツのあいだで基本条約を調印	
1973年1月1日		EC にイギリス，デンマーク，アイルランド加盟
9月18日	東西ドイツが国際連合に同時加盟	
10月6日		第四次中東戦争→第一次オイル・ショックへ
12月11日	西ドイツとチェコスロヴァキアのあいだでプラハ条約を調印	
1974年5月6日	ブラント首相辞任へ	
5月16日	**シュミット首相就任**	
1975年8月1日		ヘルシンキ宣言を採択
11月15日		G7 初会合
1977年秋	「ドイツの秋」（ドイツ経営者連盟会長シュライヤー誘拐事件，ルフトハンザ機ハイジャック事件）	
1979年		第二次オイル・ショック
12月12日		NATO の二重決定
12月24日		ソ連がアフガニスタンへ侵攻

	テレビドラマ『ホロコースト』放映	
1980年1月13日	緑の党が結党	
9月26日	ミュンヘン・オクトーバーフェスト・テロ事件	
1981年1月1日		ECにギリシア加盟
1982年9月9日	ラムズドルフ・ペーパー発表	
10月1日	**建設的不信任によってコール首相就任**	
1983年3月6日	連邦議会選挙において緑の党が初の議席獲得	
1985年3月11日		ソ連でゴルバチョフ書記長就任
1986年	歴史家論争	
1月1日		ECにスペイン，ポルトガル加盟
1987年9月	エーリッヒ・ホーネッカーの西ドイツ訪問	
1989年秋	東ドイツにおける「月曜デモ」	
11月9日	ベルリンの壁の開放	
1990年3月18日	東ドイツ人民議会選挙	
4～9月	2プラス4会議	
7月1日	東西ドイツの通貨統合	
8月31日	統一条約調印（10月3日発効）	
10月3日	東西ドイツが統一	
10月14日	旧東ドイツ5州における州議会選挙	
12月2日	統一後初の連邦議会選挙	
1991年1月17日		湾岸戦争勃発
1995年1月1日		EUにスウェーデン，フィンランド，オーストリア加盟
3月26日		シェンゲン協定発効
1998年10月16日	連邦議会においてコソボへの連邦軍派遣を承認（1999年に派遣）	
10月27日	**シュレーダー首相就任→赤緑連立政権の発足へ**	
2000年1月26日	ナチス支配下における強制労働者に対する補償基金設立を閣議決定	

2001年9月11日		アメリカにおける同時多発テロ
11月16日	連邦議会はアフガニスタンへ連邦軍派遣を承認	
2002年1月1日		ユーロ流通開始
2003年3月14日	「アジェンダ2010」発表	
3月20日		イラク戦争開戦
2004年5月1日		EU の東方拡大（ポーランド，ハンガリー，チェコ，スロヴァキア，スロヴェニア，エストニア，ラトヴィア，リトアニア，キプロス，マルタ加盟）
10月1日		欧州憲法条約を調印（2005年にオランダとフランスが批准拒否）
2005年11月22日	**メルケル首相就任**	
2007年1月1日		EU にブルガリア，ルーマニア加盟
6月16日	左翼党の結成	
12月13日		リスボン条約を調印（2009年12月1日発効）
2008～09年		世界金融危機
2013年2月6日	ドイツのための選択肢（AfD）の結党	
7月1日		EU にクロアチア加盟
2014年3月18日		ロシアのクリミア併合
2015～16年		欧州難民危機
2016年6月23日		イギリスで EU 離脱をめぐる国民投票を実施→2020年1月31日に EU 離脱
12月19日	ベルリン・クリスマスマーケット・テロ事件	
2019年12月～		コロナ危機
2021年12月8日	**ショルツ首相就任**	
2022年2月24日		ロシアのウクライナ侵攻→ウクライナ戦争